21节财富课

我的第一本理财规划书

张 莲◎编著

中国铁道出版社有限公司
CHINA RAILWAY PUBLISHING HOUSE CO., LTD.

内 容 简 介

　　本书从新手理财者的角度出发，介绍了一系列实用、有效的投资理财方法。在内容上将原本散乱的知识整理编排成一个个小的课时，便于读者灵活安排阅读时间和学习方式，以便更好地掌握书中知识。

　　全书一共七章，主要内容包括理财基础知识、银行存钱理财、债券投资理财、基金投资理财、股市投资理财、保险投资理财及风险管理技巧等。

　　该书的读者主要针对的是零基础的小白投资者和有投资想法的理财初学者，帮助他们选择适合自己的投资理财方法，掌握必要的投资理财技巧，规划好适合自己的理财方案。

图书在版编目（CIP）数据

　　21 节财富课：我的第一本理财规划书 / 张莲编著 . —北京：
中国铁道出版社有限公司 , 2022.3
　　ISBN 978-7-113-28549-4

　　Ⅰ . ①2⋯　Ⅱ . ①张⋯　Ⅲ . ①私人投资　Ⅳ . ①F830.59

　　中国版本图书馆 CIP 数据核字（2021）第 232584 号

书　　名：21 节财富课：我的第一本理财规划书
　　　　　21 JIE CAIFUKE: WO DE DI-YI BEN LICAI GUIHUASHU
作　　者：张　莲

责任编辑：张亚慧　　　编辑部电话：（010）51873035　　　邮箱：lampard@vip. 163. com
编辑助理：张秀文
封面设计：宿　萌
责任校对：安海燕
责任印制：赵星辰

出版发行：中国铁道出版社有限公司（100054, 北京市西城区右安门西街 8 号）
印　　刷：北京铭成印刷有限公司
版　　次：2022 年 3 月第 1 版　2022 年 3 月第 1 次印刷
开　　本：700 mm×1 000 mm 1/16　印张：13. 75　字数：191 千
书　　号：ISBN 978-7-113-28549-4
定　　价：69. 00 元

前言

　　钱不是万能的，但没有钱却是万万不能的。钱可以为我们提供良好的生活条件，改善生活质量，让我们的生活更加轻松和愉快。但是，怎么才能赚到更多的钱呢？

　　每一个人都拥有赚钱的能力，但是因为年龄、学历、技能及经验的问题，使得每个人赚钱的能力大小不同。如果安于现状，仅依靠固定工资，难以真正地提高赚钱的能力。

　　为此，我们需要学会投资理财，一方面想办法节流，避免多余的、不必要的开销；另一方面通过投资实现开源，提高收入，改善生活，让日子过得如鱼得水。

　　很多人认为理财是有闲钱的人才应该做的事情，其实并不是，理财是指管理资产，包括整理和投资，通过对自己的资产进行科学、合理的管理，最终实现资产的保值和增值，这才是理财的最终目的，而这与自身拥有的资金量多少没有关系。

　　该书从理财投资的角度为读者介绍了一系列实用的投资理财方法，以便帮助投资者更好地规划自己的资产，实现财富的增值。为了方便读者更加轻松灵活地学习，该书将原本散乱冗杂的内容编排成一个个小的单元，一共

21 个课时。内容上由浅入深，既彼此独立，又相互联系，方便读者阅读和理解。

该书共七章，可大致划分为三个部分：

◆ 第一部分为第 1 章，这一部分为理财入门的基础知识，投资者在投资理财之前需要树立正确的理财观念，并养成良好的理财习惯，打好基础，才能在后续的投资理财中更加顺畅。

◆ 第二部分为第 2 ~ 6 章，这一部分是本书的重点内容，主要为投资者介绍了多种实用的投资理财方法，包括银行存钱理财、债券投资理财、基金投资理财、股市投资理财及保险投资理财，方便投资者自行选择适合自己的投资方法。

◆ 第三部分为第 7 章，这一部分为投资理财的技能提升，主要是为投资者介绍一些在实际投资中比较实用的低风险管理方法，以便投资者在投资过程中能够管控风险，合理降低投资风险。

该书的优势在于从新手投资者的角度出发，为投资者介绍了一系列实用、有效的投资理财方法，同时书中还加入大量的案例、图示和表格，在降低阅读枯燥感的同时，也能够帮助读者更好地理解书中的内容。

最后，希望所有读者都能从本书中学到想学的知识，掌握各种实用的投资理财方法，在投资市场中大显身手。

编　者

2021 年 12 月

目录

第1章　理财不得不知的入门知识

理财是一场特殊的"战役",获胜即可取得丰厚的回报,战败则会损失惨重。为了提高获胜的概率,我们在投资理财之前必须做好充分准备,不打无准备之仗,所以,一些理财入门知识必须要掌握。

第2章　不懂理财就从存钱开始

一些缺乏投资理财经验和专业投资知识的人几乎不做投资理财，他们认为投资理财是一件只可远观的事儿。其实不然，理财是一种观念，只要具备理财意识就可以随时开始。而投资是一种手段，在我们经验尚不充足时，我们可以从最简单、最基础的存钱开始做理财。

第3章　想要稳定收益还是债券可靠

对于很多缺乏投资经验的投资者来说，相较于高风险、高收益的理财，他们往往更倾向于低收益、低风险、稳定性更强的投资理财工具。而债券投资正好能够满足这类投资者对低风险、稳定收益的追求。

第4章　渐入佳境可以学着基金理财

　　理财者积累了一定的投资经验后，如果想要尝试更进一步的理财，此时可以试着基金理财。基金理财是一种集合理财形式，有专业的基金经理对其进行管理，投资者可以坐享投资收益，非常简单，初级投资者也可以轻松上手。

第 13 课　根据基金特性做投资 ……………………………… 96

第 5 章　技能提升就试试股市淘金

投资者对理财有一定认识且具备相关投资经验之后，就可以尝试股市投资。股票投资是风险投资，也是能够快速获得高投资回报的一种投资方式，为了降低股市投资的风险，我们必须掌握相关的投资技巧。

第 14 课　夯实基础再投资更轻松 …………………………… 106

第 15 课　根据基本面选股 …………………………………… 112

第 16 课　从技术面角度选股 ………………………………… 121

第 17 课　认识顶部，及时落袋为安

第 6 章　防患未然做好保险管理

　　保险是一种保障机制，也是市场经济条件下基本的风险管理手段。人生在世，意外在所难免，但是通过保险，人们可以对这些意外提前预防，一旦发生意外可以通过赔偿来降低自己的损失。因此，理财者想要安稳的生活离不开保险管理。

第 18 课　正确认识保险，才能得到真正的保障

第 7 章　做好风险管理降低投资风险

投资理财除了需要选择适合自己的理财工具之外，还要讲究投资策略和技巧，这样才能降低投资风险，增大我们投资理财获益的概率，使投资理财更有实际意义。

第1章

理财不得不知的入门知识

理财是一场特殊的"战役"，获胜即可取得丰厚的回报，战败则会损失惨重。为了提高获胜的概率，我们在投资理财之前必须做好充分准备，不打无准备之仗，所以，一些理财入门知识必须要掌握。

第 1 课　理财更要理"观念"

很多人对理财的理解还停留在"生财"的层面，这实际上是一种不准确的观念，而这种观念会直接影响我们的投资决策，致使我们做出一些错误的决定，例如，盲目地追求高回报的投资。所以，理财之前首先要树立正确的理财观念。

01　理财是一种观念，与钱多钱少无关

很多人不想理财，不愿意理财，因为他们认为理财是有钱人才做的事，如果我们没有足够的资金便不适合做理财。但是，多少才是足够的资金呢？显然，不同的人对此有不同的答案。

其实，理财是一种观念，它包括的范围很广泛，不仅仅是投资，还是对我们的财务进行管理，以实现资产保值或增值的目的。所以，理财与资金的多少无关，通过理财可以让我们养成时时理财的习惯。

那么，资金充裕与不足的投资者有什么区别呢？

因为不同的理财产品其起投门槛不同，所以，有的理财产品起投门槛较高，有的理财产品起投门槛较低。如果投资者自身的资金比较充裕，可以选择的理财产品范围就更加广泛，如果投资者自身的资金不充裕，可以选择的理财产品范围就比较窄。

因此，在实际的投资中，不管是资金充裕的投资者，还是资金不足的投资者都可以进行投资，更可以参与理财。

此外，理财具有多种明显的优势，具体如下：

①理财可以帮助我们了解自己真实的财务状况，避免产生糊涂账。

②理财可以帮助我们更好地规划家庭资产，合理配置资金，实现资产的保值与增值。

③理财得当可以获得不菲的收益，有助于提高我们的生活质量和水平。

④合理的理财计划会提前考虑生活中可能出现的各种风险，并做出相应的抵御策略，以免我们的正常生活受到冲击。

综上所述，可以看到理财与钱多钱少没有关系，理财不仅能够帮助我们打理资产，还具有多种优势可以让我们的生活变得更好，所以，每个人都应该进行理财。

02 理财除了投资，还有管理

投资与理财在日常生活中经常被混合一谈，所以，有的人会认为理财就是投资。其实，这是一种误解，想要厘清二者的区别首先要从概念入手。

投资是一种手段，它是指个人为了实现资金的增值，而向某理财产品做的资金投放行为，期望经过一段时间后可以实现资产增值。而理财则是对个人的财务（包括资产和债务）进行管理，从而实现资产的保值和增值。

所以，理财比投资的范围更广泛，它包括投资行为，但又不仅限于投资。具体来看，理财主要是对三个方面进行管理。

◆ 攒钱

攒钱包括两个方面：一方面指的是管理资产避免浪费；另一方面指的是增加收入来源，攒更多的钱。这是理财的第一个层次，目的是要积累我们的起投资金，以便能够顺利进入下一个理财阶段。

◆ 生钱

生钱即实现钱生钱，我们通过前期的攒钱行为有了一定的资金储蓄之后就可以做投资，将其投入不同的理财产品中，例如基金、债券、股票及票据等，以获得可观的投资收益，最终实现钱生钱的目的。

◆ 护钱

护钱是一种风险管理。除了资产管理与资产投资之外，我们还要提前做好风险预防，避免受到一些可能出现的意外事故的冲击，让我们的生活陷入混乱之中。在实际的理财中，护钱的行为通常是由保险来实现的，它是重要的风险规避手段。

至此可以看出，理财实际上就是对我们的资产进行全方位的管理，从基础的攒钱，到进阶的生钱，再到风险管理护钱，环环相扣，缺一不可。所以，如果人们只是单纯地将理财理解为投资，显然是不正确的，也是不客观的一种看法。

03 理财不是一时兴起，要懂得坚持

有的人理财时总是抱怨，自己理财投入了大量的心血，得到的收益却低，久而久之，也就不愿意做投资理财了。实际上，这些投资者不知道的是，他们的收益低很大程度上是因为时间，理财需要长期坚持，才能体现出时间的价值。

无论投资什么理财产品，短期内都无法看到明显的大幅收益，因为市场在波动，还会经历低迷期，不少投资者会在开始阶段败给市场。而长期坚持，是我们抵御低迷市场的有力武器，只有懂得长期坚持的投资者才能获得最终的胜利。

养成长期理财的好习惯要求我们做到以下几点：

（1）不要幻想一夜暴富

理财，最忌讳的就是一夜暴富这类不切实际的心态，很多投资者将理财单纯地认为是投机，只要抓住一个机会便可以实现资产翻番的梦想。这

种想法是极其危险的，这样的思维方式会让投资者陷入投机取巧的怪圈中，进而陷入各种理财陷阱中。

（2）做好长期理财规划

投资者在真正实施投资理财之前就应该做好长期规划，包括保险计划、养老计划和子女教育计划等。通过这样长期的、具体的、可操作性的计划，可以让自己的理财操作更为实际。

（3）坚定自己的决心

做任何事情之前都需要坚定自己的决心，不能三心二意，理财当然也是如此。投资者在理财之前要坚定自己的决心，做好长期奋战的准备，并且不被短期的、正常的波动影响，才能取得最终的胜利。

总的来说，理财不仅仅是投资，更是对资产的科学管理，以便实现资产的保值与增值，所以，理财不是一种短期行为，应该是一种需要长期坚持的习惯。同时，只有通过这种长期的坚持才能获得理想的回报。

第 2 课　理财的核心分两步：开源和节流

通过前面的介绍，我们知道理财实际上就是对资产的管理，以实现资产的保值和增值。从文字概念上来看比较难理解，实际上以通俗的话来说就是两个部分：开源和节流。

具体来看包括以下两个方面：一方面想办法增加自己的收入来源渠道，以提高自己的收入，主要手段是投资；另一方面是合理开销，减少不必要的开销，避免浪费。这样双管齐下才能达到资产科学管理的目的。

01 开源要求不抱定死工资

"死工资"指的是一种工资状态，它指的是随着时间的流逝，员工的个人需求不断增长，而工资却呈现出僵化不变的状态。这一概念既体现出员工对于这种工资的不满，也可以看出员工想要改变这一现状的情绪。

事实上，大部分职场人士总是一边安于现状，一边又怨天尤人。既想要提升自己的工资水平，但又不想改变现状。为了改变这一局面我们可以想办法开源，开辟更多的收入渠道，不再将工资作为唯一的收入来源。守着死工资不放。

现在互联网发达，社会上有各种各样的兼职渠道，可以作为有效的收入来源，下面我们来看看一些比较常见的开源渠道。

◆ 投资

投资可以说是一种最简单、门槛最低，并且收入也十分可观的一种开源渠道，投资者只需要投入一定的本金，即可获得相应的投资回报。但是，投资与风险同行，如果投资不当，也可能出现血本无归的情况。所以，任何投资都应该在完善的、科学的、可控的投资计划内实施，以降低投资者的投资风险。

◆ 体力类

体力类指通过兼职体力工作获得收入回报的一种收入渠道。现如今，各种各样的跑腿服务、外卖服务及滴滴打车类服务进入人们的生活中，在方便人们日常生活的同时也提供了很多的就业机会。公司职员可以在下班后，或者休假时做这类兼职，既可以获得工资收入，也不会对平常的工作造成影响。

◆ 平台写作

对于一些有写作爱好的人来说，平台写作也是一个不错的收入渠道，我们可以利用业余时间在一些写作平台上固定投稿赚取稿费，收入也非常可观，例如微信公众号、论坛、贴吧及小说网站等，都是各类稿件的投稿平台。

◆　拍视频

随着各类短视频火爆网络，短视频拍摄行业也逐渐流行起来。热爱拍摄的职员可以通过短视频与网友分享自己的生活、爱好、观点、技能及感受等，一方面可以结交更多志趣相投的朋友；另一方面也可以获得不菲的回报。

开源要求我们具备多途径赚取收入的想法，而非月月抱定死工资不放手。因为员工涨薪涉及的内容比较广泛，除了工作能力、工作经验，还有许多客观原因，且往往不在我们的掌握之中。所以，在这种情况之下，我们需要具备开源的思想，才能真正意义上提高我们的收入水平。

02 节流要求合理消费

节流，即节省开支，具体地说是减少不必要的开支，做到合理消费、理性消费。

理性消费指的是消费者在自己消费能力范围内，按照追求效用最大化原则进行的消费。也就是说，在购物时从需求的角度考虑，看需不需要买；从价值的角度考虑，看值不值得买；从性能的角度考虑，看应不应该买。这样充分控制自己的购物欲望，根据实际生活需求和收入水平来消费，才是理性的消费。

具体来看，理性消费可从以下几个方面入手：

①购物之前要了解真实的自己和商品本身。我们在购物消费之前，首先，要充分了解自己，包括自己的喜好、习惯、身材和肤质等，这样可以

帮助我们筛选出不适合的产品。其次，深入了解商品，包括商品的功效、成分及适用人群等。只有同时了解自己和商品，才能买到真正对的和适合自己的商品，而非无用的商品。

②购物时不要立即做决定，给自己一个考虑的时间，尤其是对于想要的东西不要立即购买。以网上购物为例，面对商品诱惑，或者是打折优惠时，不要立即下单购买，可以将其添加至购物车，隔段时间再去确认那些商品是不是自己需要的，还是不是自己喜欢的。这样可以过滤掉一些不需要的商品，以及一些冲动购物的商品。给自己的购物活动设置冷静期，可以更理智地购物。

③要懂得拒绝，不管是面对推销，还是面对朋友，对于任何不适合自己的商品，或者不需要的商品，都要懂得拒绝，不要碍于人情或者面子，而去购买一些不适合自己或不实用的商品。懂得拒绝，不过分在乎别人的眼光和看法，才能活得更加通透，也能真正做到理智消费。

④多了解事物原理，不要被夸张的广告和宣传影响。我们在购物时，通常都是通过商品的广告或宣传清单做相关了解，但是这些宣传资料很多时候都会被商家刻意夸大效果，甚至是引进一些新兴词汇，例如"纳米技术"，让人产生信服感。但实际上，只要我们深入了解产品，了解产品技术，就会发现很多产品宣传的这些点都只是噱头罢了，没有意义。

⑤减少虚荣心，避免无意义的攀比。有这么一类人，他们购物并非自己实际需要，而是看着别人都有，就认为自己也要有，买了之后实际用处也不多，然后就放在角落沾灰。这类就是典型的满足虚荣心的消费，这种消费就属于攀比性消费，显然不属于理性消费的范畴。

综上所述，理性消费其实很简单，它并非要求我们降低自己原本的生活水平，或者是抑制我们的购物欲望，而是要求我们在购物的过程中做到冷静、理智，购买真正适合自己的、有价值的、真正需要的商品。

03 快乐网购，会消费也会省

网购如今已经成了最流行的一种购物方式，它可以让用户足不出户便能购买到任何想要的商品，不仅包括衣、食、住、行这类基本生活需求，还包括吃、喝、玩、乐这类享受服务。可以说，网购已经成为人们日常生活中不可或缺的一部分了。

但是，人人都能网购并不代表人人都"会"网购。真正会网购的人除了基本的下单购买、支付、收货操作外，更懂一边消费一边省，减少不必要的开销。

那么，怎么网购才能更省钱呢？接下来我们针对日常购物中的常见情况给大家介绍一些实用的省钱小技巧。

（1）领取店铺优惠券

当你看中某件商品时，不要急于下单购买，可以进入该商品店铺的首页，看看有没有优惠活动或者是优惠券，也可以进入商品详情页面看看有没有针对这一商品的专属优惠券。如图 1-1 所示。

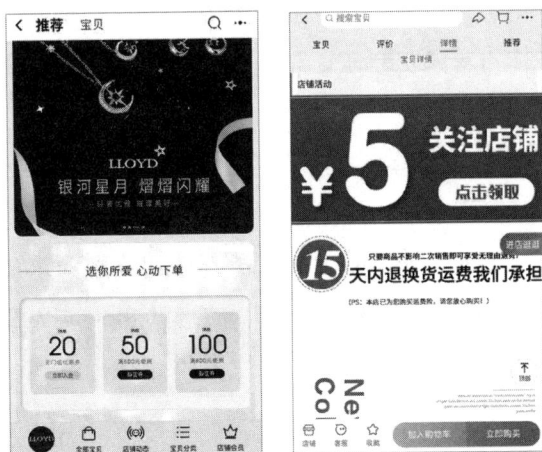

图 1-1 店铺优惠券

（2）晒单领红包

许多店铺都有晒单领取红包的活动，所以，我们在日常网购过程中，如果发现一些比较好的产品，可以在收货之后根据实际情况填写收货评价，既可以帮助其他网友做购买此类商品的参考意见，也可以领取红包奖励。但是，我们在晒单填写评价时要注意以下几点：

①填写的内容必须真实、可靠，不能因为红包而填写虚假信息。

②填写的内容尽量多，一般领取红包的晒单评价内容都会有一定的字数限制，如果填写的评价内容字数过少，很可能不会奏效。

③晒单时除了字数限制之外，通常还会要求配图或是上传短视频，使内容更加真实可靠。因此，我们在拍摄时要注意拍摄的角度和清晰度，如果画面模糊不清也会影响红包领取。

（3）返利网

很多企业和商家都会将自己的商品放到返利网上进行销售。返利网与一般的网购平台一样，首先我们需要在返利网上选择自己心仪的产品，然后下单付款购买。订单完成后，平台会将相应的返利金额返回至我们的个人账户中。这样比直接购买要便宜很多。

（4）团购更划算

我们在实体店购物时，若买的数量多，店家都会给予不同程度的折扣，在网上购物也是一样的，如果我们购买得多也可以跟商家协商优惠。不同的是，在网上我们还可以跟无数有同样购买意向的网购人员一起购买，以换取更优惠的价格，也就是团购。

如今，市面上有很多团购网，网购人员直接进入团购网即可参与拼团网购，价格划算，性价比更高，而且也不需要自己去找有同样购物意向的网友，方便且快捷。

网购极大程度上丰富了我们的购物方式，将天南地北的商品运送至我们眼前。但在购物的同时，我们也要懂得一些省钱的网购技巧，让自己理性网购，更划算、省钱地网购。

第 3 课　制订科学的理财计划

理财并非随心所欲的投资，而是一项严谨的、合理的理财规划，这就需要我们制订一个科学的理财计划，从实际的家庭财务状况出发，让家庭理财规划达到科学统筹、心中有数，使家庭资产管理、投资管理、风险管理、保险管理、子女管理及养老管理等，都可以有的放矢。

01 做好个人财务管理，了解个人身家

理财即管理财产，首先我们需要清楚自己的财产情况，对自己的财务、债务、资产有一个清晰的认识，才能做好后续的管理工作。财务管理看起来比较麻烦，但实际上我们可以通过三个表格来对其进行简单管理，使财务信息更加清晰。

学过财务的都知道，公司财务管理中非常重要的三大表是资产负债表、现金流量表和利润表。同样家庭财务管理也需要三张对应的表格，即资产负债表、家庭收支表和投资收益表，做好这三张表格，就能对家庭财务状况一清二楚。

（1）资产负债表

企业资产负债是利用"资产 = 负债 + 股东权益"这一会计恒等式编制的财务管理表格，家庭资产管理中的资产负债表与企业资产负债表类似，它是利用"总资产 = 负债 + 净资产"这一公式编制的财务管理表格。

总资产指的是家庭所拥有的、能够以货币来进行计量的财产和其他权利，不能估值的物品不能算作资产。根据家庭资产能否产生收入对其进行划分，可以分为三类：个人使用资产、投资性资产和流动性资产。

负债是指家庭成员的借贷资金，包括所有家庭成员的欠款和全部债务。而净资产则是总资产减去负债之后的余额，是家庭真正拥有的财富价值。表 1-1 所示为某家庭的资产负债表。

表 1-1　某家庭资产负债表

资　　产		负　　债	
项目	金额（元）	项目	金额（元）
现金	5 000.00	信用卡欠费	10 000.00
活期存款	10 000.00	其他消费性贷款	
其他流动性资产			
流动性资产合计	**15 000.00**	**消费性负债合计**	**10 000.00**
定期存款	30 000.00	金融性投资借款	
股票投资	20 000.00	实业投资借款	
债券投资	10 000.00	其他投资借款	
其他投资性资产			
投资性资产合计	**60 000.00**	**投资性负债合计**	**0.00**
自用房产	1 120 000.00	住房按揭贷款	600 000.00
自用汽车	100 000.00	汽车按揭贷款	50 000.00
其他自用资产		**自用性负债合计**	**650 000.00**
自用资产合计	**1 220 000.00**	**负债总计**	**660 000.00**
资产总计	**1 295 000.00**	**净资产**	**635 000.00**

上表是一份比较完整的家庭资产负债表，通过该表格我们可以清楚地看到该家庭的资产结构情况、理财状况、负债情况及资产配置情况等，可

以帮助我们对不合理的资产结构进行调整，是非常有意义的。

（2）家庭收支表

家庭收支表很好理解，就是记录家庭每月收入多少，支出多少，结余多少的表格。通过该表格可清晰地看到家庭每月的收支情况，以及是否存在不合理开销等，对资产配置管理、收入管理及消费管理都有重要作用。

家庭收支表一般来说没有统一的格式和规范，只要能够直观、清楚地看到每月的开支、收入情况即可。但通常我们会将其分为左右两部分进行编制，左边为收入，右边为支出，表 1-2 所示为某家庭的月收支表。

表 1-2　某家庭的月收支表

收　　入		支　　出	
项目	金额（元）	项目	金额（元）
先生工资收入	12 000.00	生活开销	2 000.00
妻子工资收入	6 000.00	子女教育开销	200.00
房租收入	1 200.00	服装费用	2 000.00
投资收入	2 000.00	医疗费	200.00
其他	200.00	人情往来	600.00
		其他	
合计	21 400.00	合计	5 000.00
结余	16 400.00		

（3）投资收益表

投资收益表就是记录家庭投资收益情况的表格，通常以年为单位进行统计。通过该表格可以查看到这一年的投资整体情况，以及各个投资项目具体的收益状况，以便对表现不佳、收益率低的投资项目进行调整、更换，从而提高投资收益。

投资收益表没有具体的表格样式，只需要记录好各个投资项目的投资金额、收益情况及投资期限即可，表 1-3 所示为某家庭的投资收益表。

表 1-3　某家庭的投资收益表

项　　目	金额（元）	期　　限	投入时间	到期时间	年收益（元）
股票	10 000.00	1 年	2020 年 3 月	2021 年 3 月	3 000.00
基金	50 000.00	5 年	2018 年 1 月	2023 年 1 月	7 500.00
债券	20 000.00	3 年	2018 年 1 月	2021 年 1 月	2 000.00
定期存款	50 000.00	3 年	2018 年 4 月	2021 年 4 月	1 400.00
活期存款	20 000.00		2020 年 8 月		70.00
投资合计	150 000.00				13 970.00

除了利用三大表格来掌握家庭资产的基本情况之外，还要懂得利用表格数据来分析家庭财务的健康状况，以及是否存在财务危机等。这主要通过一些财务指标来进行判断，具体如下：

◆ 结余比率

结余比率指的是家庭每月结余与每月收入的比值，计算公式如下：

结余比率 = 月结余 ÷ 月收入 ×100%

从公式可以看到，结余比率表示的是月结余在月收入中的占比情况，该比率值越大，说明家庭的月结余资金越多，可操作的资金也就越多，家庭的投资潜力也就越大，所以，这类家庭应该进一步认真规划对结余资金的合理利用，提高收益率。但是，如果家庭的结余比率较低，则说明家庭的支出较大，收入仅仅能够维持支出，家庭财务处于一个不稳定的状态中，需要有意识地对支出进行调整。通常情况下，月结余比率在 40% 左右比较合理。

◆　投资比率

投资比率指的是家庭投资资产与净资产的比值，计算公式如下：

投资比率 = 投资资产 ÷ 净资产 × 100%

该比率查看的是家庭净资产的投资程度，即家庭净资产的利用情况。该比率较高，说明家庭的净资产投资占比较高，资金利用情况较好，但同时风险也可能较大；该比率过低，说明家庭净资产闲置较多，资金利用率不高。该比率在 50% 左右属于正常范畴。

◆　偿还债务比率

偿还债务比率指的是家庭每月偿债额与每月收入的比值，计算公式如下：

偿还债务比率 = 每月偿债额 ÷ 每月收入 × 100%

该比率主要是衡量家庭的负债与收入的匹配程度，如果该比率过大，则说明家庭负债压力较大，且家庭大部分收入用于偿还欠款及其产生的利息费用，一旦家庭成员出现失业危机，就可能给家庭生活造成严重的影响。通常来说，家庭债务占家庭月收入的 30% 左右比较合理。

◆　流动性比率

流动性比率指的是家庭每月流动性资产与每月支出的比值，计算公式如下：

流动性比率 = 流动性资产 ÷ 每月支出 × 100%

其中，流动性资产指的是能够快速变现且不会造成损失的资产，例如现金、活期储蓄及货币基金等。

该比率主要反映的是家庭配置的流动资产抵御突发的、外来风险的能力，一般比率在 3 ~ 6 浮动比较合适，即家庭流动资产可以应对家庭的 3 ~ 6 个月的正常开销。如果该比率过高，说明大部分资金处于闲置状态，家庭过分强调资金的流动性而降低了投资的收益率。但是，如果该比率过低，也会给正常的家庭生活带来风险。

◆ 负债比率

负债比率指的是负债总额与总资产的比值，计算公式如下：

负债比率＝负债总额 ÷ 总资产 ×100%

负债比率体现的是家庭的综合还债能力，该数值在 30% ～ 40% 比较合适，最高不要超过 50%。如果该数值过高，说明家庭债务过重，一旦出现意外情况则很可能造成资金链断裂，使家庭生活陷入危机中。另外，负债也是家庭的资产，如果负债率过低，说明家庭没有充分使用财务杠杆，即消费全部由自身收入负担，这样在一定程度上也会影响家庭理财的收益。

◆ 财务自由度

财务自由度指的是被动收入与生活支出的比值，计算公式如下：

财务自由度＝被动收入 ÷ 生活支出

这里的被动收入指的是非工作收入，即在不工作状态下的收入支撑日常生活的程度，该比值有多少就意味着我们实现了多少财务自由。如果比值小于 1，说明没有实现财务自由；如果比值等于 1 或大于 1，说明实现了财务自由，且数值越大，说明财务自由程度越高。

通过上述这些指标的分析和查看，我们可以对自己的家庭财务健康状况有一个判断，也能及时调整家庭财务中可能存在的一些问题，还能在后续的投资活动中使我们的投资操作更加游刃有余、得心应手。

02 完成个人风险承受能力测试

我们知道金融市场中有各种各样的投资工具，例如股票、基金、债券以及保险等，不同的投资工具具有不同程度的投资风险。因此，我们在投资之前除了需要了解投资工具具备的风险程度之外，还需要了解自己能够承受的风险程度，才能选择到真正适合自己的、在自己风险承受范围内的投资工具，并开展投资活动。

风险承受能力指的是一个人承担风险的程度。换句话说，也就是投资者的投资活动在不影响正常生活的情况下，能够承受的最大程度的损失是多少。风险承受能力是一个综合衡量指标，所以，在测试时除了需要对投资者的资产状况、收入支出情况、投资经验等进行评估之外，还需要考虑投资者的年龄、家庭情况及工作情况等。

如今，个人风险承受能力测试非常简单，不需要专业的机构进行测试评估，只需要做一组专业的风险承受能力测试题即可。投资者根据自己的实际情况进行作答，完成后即可查看到自己的风险承受能力，以及相应的投资项目推荐。

如下所示为某投资机构出具的一份风险承受能力测试题。

理财实例

个人风险承受能力实际测试

1. 您目前所处的年龄阶段是（A）。

A. 18～28 岁　　　B. 29～35 岁

C. 36～45 岁　　　D. 46～55 岁

2. 到目前为止，您已经有多少年的投资经验（C）。

A. 10 年以上　　　B. 6～10 年

C. 3～5 年　　　　D. 1～2 年　　　　E. 少于 1 年

3. 您预期的投资期限是（C）。

A. 10 年以上　　　B. 6～10 年

C. 3～5 年　　　　D. 1～2 年　　　　E. 少于 1 年

4. 您的家庭目前全年收入状况如何？（C）

A. 50 万元以上　　　B. 31 万～50 万元

C. 16万～30万元　　D. 5万～15万元　　E. 5万元以下

5. 一般情况下，在您的家庭年收入中，可用作投资或储蓄的占比？（B）

A. 50%以上　　　　　　B. 35%～50%

C. 25%～35%　　　　　D. 10%～25%　　　E. 10%以下

6. 您投资的主要目的是什么？请在以下答案中选择最符合您的一个描述（C）。

A. 关心长期的高回报，能够接受短期的资产价值波动

B. 倾向长期的成长，较少关心短期的回报及波动

C. 希望投资能获得一定的增值，同时获得波动适度的年回报

D. 只想确保资产的安全性，同时希望能够得到固定的收益

E. 希望利用投资及投资所获得的收益在短期内用于大额的购买计划

7. 以下哪项描述最符合您对某项投资在未来1年内表现所持的态度？（B）

A. 如果发生亏损，我并不在乎

B. 我能承受25%以内的亏损

C. 我只能承受10%以内的亏损

D. 我几乎不能承受任何亏损

E. 我需要至少获得高于一年定期存款利率的收益

8. 以3年的投资期限来说，如果与股票市场整体的表现相比，您希望您的投资（B）。

A. 超过股市整体增长的30%以上

B. 超过股市整体增长的10%～30%

C. 与股市保持同步增长

D. 略微滞后股市整体的增长

E. 无所谓

9. 目前有一个200万元的投资项目，但有50%的可能盈利100万元，同样也有50%的可能损失50万元。您会进行这个投资吗？（B）

A. 当然会　　　　　B. 可能会

C. 也许吧　　　　　D. 可能不　　　　　E. 无所谓

10. 如果您拥有 500 000 元用于建立您的投资组合，您认为下面哪个投资组合最具吸引力？（C）

A. 低风险投资（如存款、国债、货币市场基金）、一般风险投资（如银行理财产品、债券、债券基金）、较高和高风险投资（股票基金、信托、股票、期货及外汇交易等）的比重分别为 5∶15∶80

B. 低风险投资、一般风险投资、较高和高风险投资的比重分别为 10∶30∶60

C. 低风险投资、一般风险投资、较高和高风险投资的比重分别为 30∶40∶30

D. 低风险投资、一般风险投资、较高和高风险投资的比重分别为 60∶30∶10

E. 低风险投资、一般风险投资、高风险投资的比重分别为 80∶15∶5

11. 根据您以往投资的经验，当有相当部分资金被分配到高风险的股票或风险较高的其他投资项目时，您通常（C）。

A. 比较放心，很少关注　　　　B. 关注，但不焦虑

C. 比较关注，有点儿焦虑　　　D. 非常关注，比较焦虑

E. 极度关注，非常焦虑

12. 假设现有以下几个投资品种，您必须并且只能选择其中的一个进行投资，那么您会选择哪一个？（B）

A. 年化收益率可能在 30% 以上，同时本金也有可能亏损 30% 以上

B. 年化收益率可能在 20% 以内，同时本金也有可能亏损 20% 以内

C. 年化收益率可能在 10% 以内，同时本金也有可能亏损 10% 以内

D. 本金保证，年化收益率在 0 ～ 8%

E. 固定年化收益率为 4% 的产品

完成这一套风险承受能力测试题之后，系统自动生成测试得分和结果，具体如下：

您当前的测试得分是 14 分，是一位稳健型的投资者。

从总体投资来看，在风险较小的情况下获得一定的收益是您主要的投资目的。您通常愿意使本金面临一定的风险，但在做投资决定时，对风险总是客观存在的道理有清楚地认识，会仔细地对将要面临的风险进行认真分析。总体来看，愿意承受市场的平均风险。

您的风险承受能力：中

您的获利期待：中等收益

资产配置建议：货币类资产 25% ～ 50%，债券类资产 25% ～ 65%，股票类资产 10% ～ 25%。

主要的资产种类说明：

货币类资产：储蓄、货币型基金、短期固定收益类理财产品等。

债券类资产：国债、企业债、中长期固定收益类理财产品、偏债型基金等。

股票类资产：股票、权证、偏股型基金等。

根据上述风险承受能力测试可以看到，我们通过个人风险能力测试不仅可以知道自己的风险承受能力情况，还可以获得比较科学的投资建议，包括资产配置比例建议，以及投资工具选择建议。这样可以使我们的投资更匹配自己的风险承受能力，避免做出不适合自己的投资操作。

⓪③ 梳理出正确的理财目标

说起理财，我们都知道理财的目标是实现资产的保值与增值，但是这是一个比较笼统的最终目标，并不具备实际的指导意义。因此，我们需要根据实际情况，结合不同的理财需求，梳理出正确的、符合实际的、可操作性强的理财目标。

因为每个人的收入情况不同，投资情况也不同，所以，制订的理财目标也不同，但是我们制订理财目标的基本原则却是相同的，具体包括以下几点：

①制订的目标必须符合实际情况，不能脱离实际来空谈目标，这样的目标是毫无意义的。一个合理的理财目标应该是与自身经济情况、风险承受能力、选择的投资工具收益率及理财期限等相适应，而得出的可实现的目标。

②制订的目标需要有明确的投资期限，如果制订的目标投资期限较短，那么，我们的投资策略应该以保守投资为主；如果制订的目标投资期限较长，那么，我们的投资策略可以偏向积极的、大胆的方向。

③制订的理财目标必须量化，不能以含糊不清的文字叙述来代替。具体的数字目标更具有指导意义，也能让投资者更清楚后期的投资规划。

虽然说不同的投资者制订的理财目标不同，但是有四类理财目标是比较常见的，即养老金储备、教育储备、应急储备和其他短期目标，具体内容如下：

◆ **养老金储备**：养老金储备是为了让自己退休后的晚年生活质量不受到退休的影响而制订的，因为职工退休的年龄在 60 岁左右，而人平均寿命在 80 岁左右，所以需要准备 20 年左右的养老金，这就要求我们在自己有能力、收入较高时提前准备好自己的养老金。

◆ **教育储备**：教育储备通常是有子女的家庭，在孩子年幼时就开始的，为孩子将来读大学或者求学深造而准备的教育费用。这类理财目标通常期限比较长，承受风险的能力较低。

◆ **应急储备**：应急储备是为了应对家庭生活中难以预料的紧急需要而制订的资金储备计划。

◆ **其他短期目标**：其他短期目标往往是家庭为了某一项短期支出而制订的短期理财目标，例如年末家庭旅游计划等。

理财目标对我们的投资理财活动有着重要的指引作用，且不同的理财目标会影响我们的资产配置、理财策略及投资计划等，形成不同的理财方案。因此，我们在理财之初就要制订一个明确的理财目标，才不会让我们后续的理财活动出现偏差。

④ 如何制订理财计划

在我们清楚自己的实际财务状况，并且有了清晰的理财目标之后就可以制订一份详细的理财计划了。制订理财计划需要遵循一定的步骤程序，才能使理财计划更具可行性，具体步骤如下：

（1）明确理财期限

通过前面理财目标的确定，我们知道不同的理财活动有不同的理财期限，所以我们需要根据自己的理财目标来确定自己的投资期限。根据投资期限的长短进行划分，可以将其分为短期投资、中期投资和长期投资。短期投资期限通常为三个月以内；中期投资期限通常指三年以内；长期投资期限则是三年以上。

（2）选择适合的理财方式

我们知道每个人的风险承受能力不同、性格不同、收入水平也不同，所以，选择的投资工具也会不同。投资者应根据自身性格特点及当前的财务状况来选择适合自己的理财方式。为了降低投资风险，也为了能够提高投资收益率，投资者在选择理财工具时尽量不要选择单一的投资工具，可以试着选择几种投资工具进行组合投资，在分散风险的基础上，还能够追求更高的收益率。

（3）做合理的资产配置

确定投资工具后，还要进一步确定各个投资工具的资产配置情况，即各投资工具中的资金占总资金比重的情况。不同的投资者资产比例配置存在不同，例如，积极型投资者的资产配置中，高风险的投资工具资金占比较大；保守型投资者的资产配置中，低风险的投资工具资金占比更大。但无论是哪种类型的投资者，在做资产配置时都需要遵循以下三点资产配置原则：

安全性原则。我们做投资理财的目的是在家庭财务保持健康的基本情况下，争取获得更大的收益。在这样的前提要求下，确认资产的安全性，保证资金在自己可承受的范围内波动，是实现理财目标的基础。所以，我们在做资产配置时要谨记资金的安全性，不要因为投资而影响家庭的正常生活。

流动性原则。在进行资产配置时既要考虑投资的收益性，也要兼顾资金的流动性，预防未来出现紧急情况但资金被困不能及时提现的困境。因此，现金及容易变现的投资工具需要占据一定的资产比例。

收益性原则。进行任何投资都希望能获得高额的投资回报，所以，在资产配置时除了考虑安全性和流动性之外，还要考虑收益性，不能为了安全性和流动性一味地将资金全部投入风险低、流动性强但收益率低的理财产品中。应该在合理的风险范围内，配备一定比例的高收益、高风险的投资产品来提高投资的回报率。

（4）实施理财计划

确定投资工具和资产比例之后就可以开始实施理财计划，在实施时要严格按照制订的理财计划进行。实施计划后，可以根据自己的投资规划做一个简单的收益预估，看看自己的理财计划是否能够达到自己的理财目标。如果不能，则需要根据理财目标来做适当的调整。

（5）调整理财计划

任何时候我们制订的理财计划都不是一成不变的，它可能会随着投资者的理财需求变化而变化，也可能随着市场变化而变化，所以，我们还需要不断地调整理财计划。

但是，调整的时间也是有一定讲究的，因为市场总是处于一个不断波动变化的状态中，所以，我们投资也总是处于波动变化之中。如果我们因为理财计划出现一些波动就去调整是没有意义的行为，且从长期投资的角度来看，短期的波动变化是正常的。一般来看，每半年或一年检查调整一次理财计划是比较科学、合理的调整频率。

综上所述，便是我们理财计划的制订过程，在后期的投资活动中我们严格按照制订的理财计划执行即可。

第 **2** 章

不懂理财就从存钱开始

一些缺乏投资理财经验和专业投资知识的人几乎不做投资理财，他们认为投资理财是一件只可远观的事儿。其实不然，理财是一种观念，只要具备理财意识就可以随时开始。而投资是一种手段，在我们经验尚不充足时，我们可以从最简单、最基础的存钱开始做理财。

第4课　银行储蓄安全又稳定

银行储蓄可以说是人们普遍熟悉、日常接触最多、也最信任的一种理财方式。因为它具备安全又稳定的特点，使其获得众多储户的信赖，很多没有投资经验，不知道怎么做投资的人，都习惯将资金存入银行，获得利息收入。

01 储蓄是最简单的一种理财

储蓄，即储蓄存款，它是指个人将自己的资金存入储蓄机构（银行），储蓄机构开具存折或存单作为凭证，个人凭存折或存单支取存款的本金和利息的行为，而储蓄机构则依照相关规定支付存款本金和利息。

这样一看，储蓄确实属于投资方式的一种，储户将资金存入银行，银行按期结算利息，储户到期获得利息收入，也就是投资回报。但是与其他投资方式不同的是，储蓄是一种最简单的投资方式，储户只需要将资金存入银行，到期取回即可，不需要做过多的操作。随着互联网的高速发展，储户如今存钱／取钱足不出户即可实现，便捷高效。

此外，银行储蓄之所以受到众多储户的喜爱，成为一种最常用的理财方式，是因为储蓄还具有以下优点：

（1）风险低

储蓄的风险与其他理财工具相比是最低的，只要储户选择合规、合法的正规金融机构，那么储蓄几乎可以视为无风险的一项投资。在一些发达国家，银行都参加了国家储蓄保险，即便是银行破产，国家储蓄保险也会负责偿还存款。而在我国，因为银行大部分都是国有的，有国家财政做后盾，有国家支持，所以稳定性更强，风险更低。对于保守型的、厌恶风险的投资者来说，储蓄是一个比较理想的理财渠道。

（2）收益稳定

影响储蓄收益高低的关键在于存款利率。存款利率是银行吸收存款的一个经济杠杆，也是影响银行成本的一个重要因素。我国的存款利率是综合客观经济条件、货币流通及市场物资供求关系等有计划地确定的，虽然各大银行的存款利率会在基础利率上有所浮动，但是从整体来看浮动差异不大，比较稳定。

（3）流动性强

银行储蓄的另一个优势是资金流动性强，随存随取，方便快捷。即便是定期存款，只要储户想要提前支取也可以提现，只不过会损失一定的利息。这在很大程度上为储户解决了后顾之忧，避免因应急需要而取不出钱的尴尬情况。

总的来看，储蓄确实不失为一种简单便捷的理财方式，既能帮助投资者做投资理财享受利息收益，也能避免投资风险，做低风险投资。

02　灵活方便的活期储蓄

活期储蓄是指没有存款期限限制，随时可以存取的储蓄。此外，活期储蓄的门槛非常低，人民币活期存款 1.00 元起存，外币活期存款起存金额为不低于人民币 20.00 元的等值外汇。

正因为活期储蓄在储存时间、金额上都没有过多的限制条件，随时存取，所以灵活方便，受到广大储户的喜爱。但是，在任何的投资活动中，投资者最为关心的就是投资收益，活期储蓄也是如此，储户将资金存入银行之后也要懂得基本的利息结算方法和规则，估算自己的利息收益。

银行活期存款的利息是按实际的存款天数来进行计算的，具体计算公式如下：

活期储蓄利息 = 存款余额 × （活期年利率 ÷ 360）× 存款天数

其中，"活期年利率 ÷ 360"为日利率，因为银行给出的利率都是年利率，所以"活期年利率 ÷ 12"则为月利率。

目前银行的活期存款是按季度结息，每季末月的 20 日为结息日，21 日为实际计付利息日。也就是说，大部分银行的实际计付利息日日期分别是 3 月 21 日、6 月 21 日、9 月 21 日和 12 月 21 日。结息之后，上一期所获得的利息会自动进入下一期，然后以复利的方式来计算利息。

此外，在活期储蓄的利息计算中还要注意以下几点问题：

①活期存款利息阶段的计息起点为元，元以下的角、分都不计息。利息金额只算到分位，分位以下尾数四舍五入。

②活期储蓄存款在存入期间遇到利率调整，按结息日挂牌公告的活期存款利率结算利息。

③活期存款的累计利息是分段计算的，需要计算出各段积数总和再得出总利息，计算公式为：活期储蓄利息 = 各段积数总和 × 日利率。

下面通过一个实际例子来计算活期储蓄利息。

理财实例

计算张先生活期存款利息

张先生 2021 年 1 月 5 日在银行存入活期 10 000.00 元，当月 27 日取出 3 000.00 元。2 月 10 日又存入 5 000.00 元，如果张先生在 3 月 21 日取出全部余额，他能得到多少利息？（活期存款年利率为 0.35%）

要想计算张先生的活期存款利息，首先要知道张先生的活期存款期限包括三个阶段，再针对这三个阶段分别计算。

第一阶段：1 月 5 日存入 10 000.00 元，维持了 22 天，所以这一阶段的积数为：10 000.00×22=220 000.00（元）。

第二阶段：取出了 3 000.00 元之后剩余的 7 000.00 元存款阶段，维持了 14 天，所以这一阶段的积数为：7 000.00×14=98 000.00（元）。

第三阶段：再存入 5 000.00 元后的 12 000.00 元存款阶段，维持了 39 天，所以这一阶段的积数为：12 000.00×39=468 000.00（元）。

三个阶段积数总和为：220 000.00+98 000.00+468 000.00=786 000.00（元）

所以，活期存款利息为：786 000.00×0.35%÷360=7.64（元）

03 种类繁多的定期储蓄

定期存款是相较于活期存款而言的，是指银行与存款人双方在存款时事先约定期限、利率，到期后存款人支取本息的存款。活期存款与定期存款存在以下三点区别：

①活期存款是可以随时支取的存款，灵活方便，定期存款则是有存期限制的存款。

②活期存款的利率较低且可能受存款期限的影响，存款时间长或短利率都不变。定期存款的利率普遍比活期存款利率高，且存款期限越长，其利率越高。

③起存门槛不同，活期存款 1.00 元起存，定期存款 50.00 元起存。

此外，定期存款的种类非常多，根据其存取方式的不同进行划分，可以分为以下六种：

◆ 整存整取

整存整取是指在存款时便约定存期，一次性存入本金，到期后一次性取出本金和利息的存款方式。整存整取定期存款 50.00 元起存，存期分为

3 个月、半年、1 年、2 年、3 年和 5 年。

◆ 零存整取

零存整取是指储户按月定额存入，到期一次支取本息的存款。零存整取存款人民币 5.00 元起存，多存不限。零存整取存款存期分为 1 年、3 年、5 年。

◆ 存本取息

存本取息是指存款本金一次存入，约定存期及取息期，存款到期一次性支取本金，分期支取利息的存款。存本取息定期存款 5 000.00 元起存。存本取息定期存款存期分为 1 年、3 年、5 年。

存本取息定期存款的取息日由储户在开户时与银行约定，可以一个月或几个月取息一次。取息日未到不得提前支取利息，但取息日未取息的，可以在以后随时取息，但不计复息。

◆ 定活两便存款

定活两便储蓄存款是存款时不确定存期，一次存入本金随时可以支取的存款。定活两便存款 50.00 元起存。

定活两便存款最大的优势在于利率随存期的长短而变动，使储户的定期存款灵活度更高，适合存款期限不确定的储户。

定活两便存款中，存期不满 3 个月的，按天数计付活期利息；存期 3 个月以上（含 3 个月），不满半年的，整个存期按支取日定期整存整取 3 个月存款利率打六折计息；存期半年以上（含半年），不满 1 年的，整个存期按支取日定期整存整取半年期存款利率打六折计息；存期在 1 年以上（含 1 年），无论存期多长，整个存期一律按支取日定期整存整取一年期存款利率打六折计息。

◆ 通知存款

通知存款是一种不约定存期，支取时储户需要提前通知银行，约定支取日期和金额方能支取的存款。通知存款无论实际存期多长，按存款人提前通知的期限长短划分为一天通知存款和七天通知存款两个品种。一天通知存款必须提前一天通知银行约定支取存款，七天通知存款则必须提前七天通知银行约定支取存款。

◆　教育储蓄

教育储蓄是一种零存整取定期储蓄存款，可以享受优惠利率，更可以获取额度内利息免税。起存金额为 50.00 元，每份本金合计最高限额为 2.00 万元人民币。

教育储蓄是一种特殊的定期存款，它针对的是在校中小学生。这类定期存款可以享受整存整取的计付利息。存款到期，凭存款人接受非义务教育（全日制高中、大中专、大学本科、硕士和博士研究生）的录取通知书或学校开具的存款人正在接受非义务教育的学生身份证明即可。在存期内遇有利率调整，按开户日挂牌公告的相应储蓄存款利率计付利息，不分段计息。

可以看到，尽管定期存款在存款期限上存在限制，相比活期储蓄来说并不灵活，但是定期存款的种类较多，且存款的期限有长有短，这在很大程度上弥补了存期限制的问题。

如果储户在定期储蓄过程中出现提前支取的情况时，利息如何结算呢？

通常大部分的定期存款在紧急情况时都可以提前支取，但是会损失部分利息。此时利息的计算分为两种情况：一是提前支取全部未到期的定期存款，这种情况下利息按照活期利息结算相应的利息；二是提前支取未到期的定期存款部分存款，那么支取部分的利息按照取款当日的活期存款利率计算相应的利息，剩余部分则按照原本存入时约定的定期存款利率进行计算。

所以，除非必要情况，投资者不要提前支取定期存款，否则会损失部分的利息收益，不划算。

第5课　收益率更高的存钱法

很多人认为储蓄投资就是将资金存入银行即可，虽然这种说法并不算错，但是也不全对。储蓄不仅仅是将资金存入银行，我们在储蓄时还需要掌握一定的方法和技巧，做出适当的筛选，这样可以使储蓄获得更高的回报。

01 选择存款利率更高的银行

我们知道各大银行的存款利率是以央行基准利率为参考，在其基础上做的调整，并没有统一的规定，所以，不同的银行、不同的期限、不同的地区，其银行存款利率可能是不同的。所以，我们可以在众多的银行中进行筛选，选择存款利率更高的银行储蓄更划算。

我国当前的银行有很多，包括国有银行、商业银行、地方银行和民营银行等。表 2-1 所示为 2021 年市面上的各大银行的存款利率。（注：各银行实际挂牌利率会略高于官网公布利率，且同一银行在不同城市的挂牌利率也有可能不同，以当地银行实际挂牌为准）

表 2-1　各大银行存款利率（%）

银行名称	活　　期	3个月	6个月	1年	2年	3年	5年
中国银行	0.3	1.43	1.69	1.95	2.73	3.575	3.575
中国农业银行	0.3	1.43	1.69	1.95	2.73	3.575	3.575
中国工商银行	0.3	1.43	1.69	1.95	2.73	3.3	3.3
中国建设银行	0.3	1.54	1.82	2.1	2.94	3.85	3.85
交通银行	0.3	1.43	1.69	1.95	2.73	3.52	3.52
中国邮政储蓄银行	0.3	1.63	1.95	2.25	2.94	4.125	4.125
招商银行	0.3	1.35	1.55	1.75	2.25	2.75	2.75
浦发银行	0.3	1.4	1.65	1.95	2.4	2.8	2.8

续表

银行名称	活　　期	3 个月	6 个月	1 年	2 年	3 年	5 年
中信银行	0.3	1.4	1.65	1.95	2.4	3	3
华夏银行	0.3	1.4	1.65	1.95	2.4	3.1	3.2
兴业银行	0.3	1.4	1.65	1.95	2.7	3.2	3.2
中国民生银行	0.3	1.4	1.65	1.95	2.35	2.8	3.2
中国光大银行	0.3	1.54	1.82	2.1	2.94	3.575	3.575
平安银行	0.3	1.4	1.65	1.95	2.5	2.8	2.8
广发银行	0.3	1.4	1.65	1.95	2.4	3.1	3.2
浙商银行	0.35	1.43	1.69	1.95	2.5	3	3.25
恒丰银行	0.35	1.43	1.69	1.95	2.5	3.1	3.1
渤海银行	0.35	1.43	1.69	1.95	2.65	3.25	3.2
南京银行	0.35	1.46	1.72	1.98	2.75	3.905	4.1
宁波银行	0.3	1.5	1.75	2.145	2.7	3.85	3.3

根据上表我们可以看到如下内容。

活期储蓄中利率最高为 0.35%，分别是浙商银行、恒丰银行、渤海银行和南京银行。

3 个月定期储蓄中利率最高为 1.63%，是中国邮政储蓄银行。

6 个月定期储蓄中利率最高为 1.95%，是中国邮政储蓄银行。

1 年期定期储蓄中利率最高为 2.25%，是中国邮政储蓄银行。

2 年期定期储蓄中利率最高为 2.94%，分别是中国建设银行、中国邮政储蓄银行和中国光大银行。

3 年期定期储蓄中利率最高为 4.125%，是中国邮政储蓄银行。

5 年期定期储蓄中利率最高为 4.125%，是中国邮政储蓄银行。

根据上述数据我们可以看到，同一期限的存款，不同银行之间的利率差异较大。所以，我们在选择存款银行时应该根据自己的存款期限和存款类型来选择存款利率更高的银行，这样更划算。

另外，我们在前面的内容中提过，定期存款的利率与存款时间相关，期限越长，存款利率就越高。在大多数情况下也确实如此，但是从表格内容中我们可以看到，实际上很多银行定期存款 3 年期和 5 年期的存款利率相同，甚至有的银行还出现了 3 年期存款利率高于 5 年期存款利率的现象。所以，我们在选择存款期限时不能盲目选择，一定要综合考虑期限、收益及资金流动性的问题再进行选择。

02 存款不仅挑银行，还要挑时间

储蓄利息的高低与存款利率直接相关，那么，存款利率是一成不变的吗？答案是否定的。我们存钱都希望能够在利率高的时候存入，享受高利率带来的高利息，所以，在存款时就要选择高利率的时间段。

想要找到高存款利率的时间段，首先我们就要明白银行的存款利率受到哪些因素的影响，在哪些情况下存款利率会提高。银行上调存款利率主要存在以下几种情况：

①央行调整基准存款利率。我们知道所有银行的存款利率都是根据央行的基准存款利率进行调整的，所以，如果央行上调存款利率，银行自然也会同步上调存款利率。

②银行资金紧张时为了吸引储户存款，增大资金储存量，便会提高存款利率。反之，如果银行存款不紧张，资金量大，那么银行存款利率自然不会上调。

③银行每个季度需要接受考核，披露业绩报表，尤其是半年报和年报，所以，银行为了使业绩更好，通常都会进行揽储，而当银行揽储的时候会提高存款利率。

在上述三种存款利率上涨的情况中，第一种可能性较低，因为央行已经多年没有加息了，第二种和第三种可能性更大。鉴于此，储户在存款时可以考虑年末或每个季度末这种时间段，因为在年末这种时候大部分储户都有取出存款过年的习惯，银行普遍资金比较紧张，所以，存款利率可能会出现走高的情况。其次，在每个季度末银行做业绩报表时，可能会调整存款利率。

所以，储户存款时除了需要选择银行之外，还可以适当地筛选时间段，以便享受更高的存款利率。

03 想要安全，存款时认准"存款保险"

大部分储户选择将资金存入银行看重的都是安全性，那么银行真的安全吗？银行会出现破产吗？如果银行破产了储户的存款还能拿回来吗？这就涉及存款保险。

存款保险又称存款保障，是指国家通过立法的形式，设立专门的存款保险基金，明确当个别金融机构经营出现问题时，依照规定对存款人进行及时偿付，保障存款人权益。我国从 2015 年 5 月 1 日起实施《存款保险条例》。

《存款保险条例》中明确规定：存款保险实行限额偿付，最高偿付限额为人民币 50.00 万元。同一存款人在同一家投保机构所有被保险存款账户的存款本金和利息合并计算的资金数额在最高偿付限额以内的，实行全额偿付；超出最高偿付限额的部分，依法从投保机构清算财产中受偿。

也就是说，只要储户在银行存的是一般性存款，那么即便银行破产了，储户也可以获得最高 50.00 万元的全额赔付。其中"一般性存款"指的是定期存款、大额存单这种保本保息的存款类产品。如果储户往银行定期存款中存入一笔钱，那么银行就会向央行缴纳一笔保证金，储户的存款就会受到《存款保险条例》的保护，安全方便，可以放心。

那么，储户又怎么能确认银行向央行缴纳保证金呢？

在以前，我们无法核实确认，只能相信银行，但是央行规定从 2020 年 11 月 28 日起，全国范围内所有授权参加存款保险的金融机构都必须使用存款保险标识。

也就是说，只要银行参与了《存款保险条例》就有存款保险标识，如果我们去一家银行存款，发现该银行没有存款保险标识，那就要谨慎考虑了。

需要注意的是，国家要求所有参与存款保险的金融机构都必须将存款保险标识牌放在显眼的地方展示，图 2-1 所示为存款保险标识。

图 2-1　存款保险标识

另外，对于存款保险，存款人是不需要交纳保费的。存款保险作为国家金融安全网的一部分，其资金来源主要是金融机构按规定交纳保费。收取保费的主要目的是加强对金融机构的市场约束，促使银行健康发展，所以，不需要存款人交纳。

第 6 课　存款时掌握必要的方法更划算

除了在存款前选择银行和时间之外，还需要掌握一些必要的存款技巧，通过这些技巧可以让存款利息更可观，让存款投资更划算。

01 自动转存，避免过渡期

定期存款比活期存款利率更高，很多人在存款时都会选择将暂时不用的闲置资金做定期储蓄，以便享受高存款利率。但如果定期储蓄到期了，而储户没有到期支取，定期储蓄就会自动转为活期储蓄，存款利率自然也就变为活期存款利率。那么，储户的利息收益就减少了，所以，我们在银行进行定期存款时可以开启定期自动转存业务。

定期自动转存是指储户的定期存款到期后，储户不必前往银行办理转存手续，银行便自动将到期的存款本息按照相同的存期一并转存，不受次数限制，续存期利息按前期到期日利率计算。

自动转存功能直接将到期的定期存款自动转入下一个定期存期中，避免中间取出再存入的过渡期，简单便捷，也实现了收益最大化。

理财实例

计算比较自动转存与非自动转存的利息差异

2018 年 12 月 1 日，王女士存入一年期定期存款 30 000.00 元，并在存款时设置了自动转存，存款到期后王女士未提取，银行便自动将 30 000.00 元本金及利息再存为一笔一年期的定期存款。如果王女士在 2021 年 3 月 21 日取出这笔存款，可以得到的本息和为多少呢？（1 年期存款利率为 1.95%，转存时利率没有变化）

思路：王女士这段时间的利息收益需要分为三个阶段来分别进行计算，具体如下：

第一阶段：王女士办理 30 000.00 元一年期定期存款（2018 年 12 月 1 日至 2019 年 12 月 1 日），利息计算如下：

30 000.00×1.95%×1=585.00（元）

第二阶段：银行将本金和收益自动再存为一年期定期存款（2019 年 12 月 1 日至 2020 年 12 月 1 日），利息计算如下：

（30 000.00+585.00）×1.95%×1=596.41（元）

第三阶段：王女士在 2021 年 3 月 21 日取出这笔存款，第三个定期存款期限不足 1 年，以活期利率计算利息如下（活期存款年利率为 0.35%）：

（30 000.00+585.00+596.41）×（0.35%÷360）×（30+30+30+20）=33.35（元）

所以王女士 2021 年 3 月 21 日取出这笔存款时的本息和为：30 000.00+585.00+596.41+33.35=31 214.76（元）

如果王女士没有办理自动转存业务，那么王女士在 2018 年 12 月 1 日存入 1 年期定期后，然后在 2021 年 3 月 21 日取出这笔存款，此时的本息和又是多少呢？

思路：因为王女士没有办理转存业务，所以一年期到期后账户中的余额转为活期储蓄，以活期利率进行计算。

第一阶段：王女士办理 30 000.00 元一年期定期存款（2018 年 12 月 1 日至 2019 年 12 月 1 日），利息计算如下：

30 000.00×1.95%×1=585.00（元）

第二阶段：王女士定期到期转为活期储蓄至 2021 年 3 月 21 日，利息计算如下。

2019 年第四季度活期储蓄利息：（30 000.00+585.00）×（0.35%÷360）×20=5.95（元）

2020 年第一季度活期储蓄利息：（30 000.00+585.00+5.95）×（0.35%÷360）×90=26.77（元）

2020 年第二季度活期储蓄利息：（30 000.00+585.00+5.95+26.77）×

（0.35%÷360）×90=26.79（元）

2020 年第三季度活期储蓄利息：（30 000.00+585.00+5.95+26.77+26.79）×（0.35%÷360）×90=26.81（元）

2020 年第四季度活期储蓄利息：（30 000.00+585.00+5.95+26.77+26.79+26.81）×（0.35%÷360）×90=26.84（元）

2021 年第一季度活期储蓄利息：（30 000.00+585.00+5.95+26.77+26.79+26.81+26.84）×（0.35%÷360）×90=26.86（元）

所以，王女士 2021 年 3 月 21 日取出这笔存款时的本息和为：30 000.00+585.00+5.95+26.77+26.79+26.81+26.84+26.86=30 725.02（元）。

根据上述计算我们可以了解，自动转存与非自动转存利息相差 489.74 元（31 214.76-30 725.02），由此可见，如果王女士没有办理自动转存，则会损失 489.74 元的利息收入，非常不划算。

02 按照月份储蓄，灵活收益也高

我们做定期储蓄最担心的一点就是取款不灵活，时间受到限制，但如果我们存款时能够根据工资收入的类型按月储蓄，则可以在很大程度上降低定期存款的期限限制。

如今上班族的薪酬制度通常为月薪制，即每月固定时间领取工资，所以只要我们工作稳定、收入稳定，便可以试着将每月的剩余资金做 1 年期定存，这样一来，每个定期存款的到期日都间隔 1 个月。当第一个定期存款到期时，我们取出本金和利息，加入当月结余资金再存 1 年期定存，以此类推，我们一共有 12 个 1 年期定期存款。

如果我们在日常生活中遭遇突发意外，急需用钱，就可以支取到期或临近到期的定期存款以解决燃眉之急。这样按月储蓄的方法既保证了资金的流动性，也能让储户享受 1 年期定期存款利率而非活期储蓄利率，利率更高，收益也更高。

⓪③ 存本取息与零存整取有机结合

在存钱理财的过程中，我们常常会听到"复利"这一说法，它指的是在计算利息时，某一计息周期的利息是以本金和前一周期所积累的利息总额来计算的计息方式，也就是俗话常说的利滚利。

例如，活期储蓄虽然是单利计息，但活期储蓄的利息为季度结算，每个季度末月的 21 日结算利息，并将利息转入账户中，在下一个季度末月 21 日计算利息时以账户中的余额进行计息，在账户没有发生变动的情况下，下一个季度末月计息时会在本金的基础上再加上上一季度的利息进行计息，这就是复利。

在实际存款时，储户也可以利用一些巧妙的方法来实现复利，提高利息收益。其中，最有效的方法便是将存本取息与零存整取进行有机结合，不仅能获得较高利息，还能将产生的利息再存起来，实现利滚利。

存本取息指的是储户一次性存入本金，然后按月或分次支取利息，到期后再一次性支取本金的储蓄方式。而零存整取则是储户在银行存款时与银行约定存期，每月固定存款，到期一次性支取本息的储蓄方式。

所以，我们可以通过存本取息的方式先将资金一次性存入，再与银行约定每月自动取息，然后将存本取息产生的利息收入转入零存整取的账户中。这样将每月利息存入零存整取账户中就可以实现复利收入。

理财实例

存本取息与零存整取结合储蓄计息

杨先生为了享受复利收益，通过朋友的介绍知道了存本取息和零存整取结合储蓄的存款方式，他在银行一次性存入 100 000.00 元做存本取息，并按月付息，存期 3 年。然后将每月利息存入零存整取账户，存期 3 年，这样一番操作下来，到期后他的收益是多少呢？（3 年期存本取息和零存

整取年利率都为 1.55%）

杨先生存本取息每月取出的利息计算如下：

（100 000.00×3×1.55%）÷36=129.17（元）

杨先生每月零存整取 129.17 元，到期后的利息计算如下：

零存整取利息计算公式：利息 = 月存金额 × 累计月积数 × 月利率

其中，累计月积数 =（存入次数 +1）÷2× 存入次数

所以，3 年期累计月积数计算如下：

（36+1）÷2×36=666

零存整取利息：129.17×666×（1.55%÷12）=111.12（元）

到期的本息和：129.17×36+111.12=4 761.24（元）

3 年后，杨先生 100 000.00 元的存款获得的最终收益为 4 761.24 元。

04 不知道存期的存款，优先考虑通知存款

大家都知道活期储蓄的利率明显低于定期储蓄，所以，只要我们能够确定自己资金的闲置期限就能根据需求选择期限做定期储蓄，享受高额利率。

但是，问题的关键在于有的储户不知道自己的闲置资金什么时候会用上，不能确定一个明确的存期，为了避免在紧急用钱时不能及时取出，所以，往往选择活期储蓄。其实，这时我们可以优先考虑通知存款。通知存款是一种定活两便的、没有固定期限的存款，但是存款人在取款时必须提前通知银行才能存款。

通知存款的利率虽然不如定期存款高，但却远远高于活期存款，更适合对存款期限没有明确要求的储户。而且通知存款与其他存款的不同在于，其起存门槛较高，通常 5.00 万元起存，适合大额闲置资金。

通知存款根据提前通知的期限长短进行划分可以分为一天通知存款和

七天通知存款两种。一天通知存款必须提前一天通知银行约定支取存款，七天通知存款则必须提前七天通知银行约定支取存款。

因为通知存款按天计息，所以，从存款的当天开始计息，按照存款的实际储存天数计算利息，利息计算公式如下：

利息 ＝ 本金 × 存款天数 × 日利率

因为通知存款取现时必须按照规定提前通知，所以一天通知存款最短存款时间为两天；七天通知存款最短存款时间为八天。

理财实例

计算通知存款的利息

陈先生一家准备在暑期的时候去国外旅游，但因为工作要临时出差，打乱了原本的旅游出行计划，所以准备将原本的旅游出行计划改期到工作结束后。但因为不知道工作具体的结束时间，所以准备的出行旅游资金也被闲置了。考虑再三之后，陈先生将原本准备旅行出游的 60 000.00 元钱存七天通知存款，在工作即将结束之时再通知银行做提取安排。

陈先生在 6 月 20 日存入 60 000.00 元，然后在 7 月 15 日通知银行做资金提取，那么陈先生在 7 月 23 日取出存款时可获得的利息有多少？（七天通知存款年利率为 1.1%）

计算陈先生的存款利息，首先需要知道陈先生的存款期限，从 6 月 20 日至 7 月 23 日，陈先生的存款天数为 33 天，所以利息计算如下：

60 000.00 ×（1.1% ÷ 360）× 33=60.50（元）

如果陈先生没有做通知存款，那么这 33 天以活期储蓄利率计算利息收入如下（活期储蓄年利率为 0.35%）：

60 000.00 ×（0.35% ÷ 360）× 33=19.25（元）

根据计算结果可以看到，通知存款的利息明显高于活期储蓄，显然在不确定储存期限的情况下储户选择通知存款的储存方式，利息更划算。

但是，储户需要注意的是，个人通知存款在出现以下情况时，银行会按照支取日挂牌公告的活期存款利率计息。

①实际存期不足通知期限的，按活期存款利率计息。

②未提前通知而支取的，支取部分按活期存款利率计息。

③已办理通知手续而提前支取或逾期支取的，支取部分按活期存款利率计息。

④支取金额不足或超过约定金额的，不足或超过部分按支取日活期存款利率计息。

⑤支取金额不足最低支取金额的，按活期存款利率计息。

此外，通知存款如已办理通知手续而不支取或在通知期限内取消通知的，通知期限内不计息。通知存款约定取款日遇节假日不予顺延。

05 大额资金就选大额存单

大额存单是银行向个人、非金融机构或机关团体发行的一种大额存款凭证。大额存单相比其他存款方式而言，优势非常明显，灵活度也高，表 2-2 所示为大额存单的优势。

表 2-2　大额存单的优势

优　点	说　明
存款利率高	存款利率高是大额存单最主要的优势，也是储户选择大额存单这种存款方式的原因。2015 年我国推动利率市场化，允许定期存款利率在国家基准利率的基础上上浮 20% ～ 30%，但是大额存单能够上浮 40% ～ 50%，这就使得大额存单利率较高，有的大额存单利率甚至高于 5 年期的定存利率

续表

优　点	说　明
安全性高	大额存单也是银行存款类产品，所以也受到存款保险制度的保护，一旦出现风险，50.00 万元以内的本金和利息也会得到全额保障
流动性强	大部分的大额存单都可以转让或提前支取，但是也会损失部分利息。虽然会损失部分利息，但是利息收入仍然高于活期利息，也高于定期存款利息
收益灵活	大额存单并不仅仅有到期一次性还本付息的计息方式，还有定期付息和到期还本多种付息方式，收益十分灵活

需要注意的一点是，大额存单从名称上就可以明白，它主要针对的是大额存款，所以它的起存金额较大。大部分的大额存单起存金额为 20.00 万元，有的甚至为 30.00 万元。虽然对于大部分年轻人，或者是刚参加工作不久的职员来说，收入较低，资金储蓄较少，做大额存单储蓄的可能性较低，但是对于有一定积蓄的中年人，或者是缺乏投资理财经验的经商人员来说，这种大额存单比较适合。

下面我们通过一个实际的大额存单来看看其特点。

理财实例

大额存单产品详情查看

表 2-3 所示为某银行的个人大额存单产品信息。

表 2-3　产品详情

产品类别	个人大额存单系列		
发售起始日期	2021-7-1 10:00	发售截止日期	2022-1-1 00:00
产品到期日	2025-01-01	产品期限	36 个月
利率	3.50%	投资类型	固定收益型
起点金额	200 000.00 元	递增金额	10 000.00 元

续表

付息方式	到期一次还本付息	付息频率	期　满
提前支取	本产品允许在柜台、手机银行、网上银行提前支取，支持部分提前支取，剩余金额不小于认购起点金额，提前支取部分按照支取日银行活期存款挂牌利率计息		
转让／赎回	本产品不允许赎回，但允许转让		

从上表可以看到，该大额存单的起存金额比较高，为 200 000.00 元，递增金额为 10 000.00 元，且存款利率较高为 3.50%，同时产品期限也比较长，所以灵活度不高。但是大额存单可以转让，这在一定程度上提高了大额存单资金的流动性。

通常情况下，大额存单转让会促使出让方在投资本金的基础上加上已经产生的利息作为大额存单的价格来进行转让，而转让的利率则是按照银行规定的转让利率进行计算。大额存单转让的受让方就可以完全获得之后的大额存单利息收益。（注意：已经到期或逾期及按月付息的大额存单是不可以转让的，且大额存单在存续期内只允许转让一次。）

转让利率根据存单持有时长不同可以在允许范围内调整，表 2-4 所示为该银行的转让利率调整范围。

表 2-4　转让利率

存入时长（T）	转让利率
$T < 3$ 个月	1.0% ～ 0.6%
3 个月 $\leqslant T < 6$ 个月	0.9% ～ 0.5%
6 个月 $\leqslant T < 9$ 个月	0.8% ～ 0.4%
9 个月 $\leqslant T < 1$ 年	0.7% ～ 0.3%
1 年 $\leqslant T$	0.6% ～ 0.2%

注意：表格中的数据只是举例，实际的转让利率以成交日的转让利率为准。

如果某储户在 2021 年 7 月 1 日存入 200 000.00 元大额存单，然后在 2021 年 12 月 25 日转让该存单，此时计算储户的转让价格。

转让价格的计算公式如下：

转让价格 = 本金 + 利息

利息 = 本金 × 转让利率 × （整数月 /12+ 零头天数 /360）

因为该储户持有该笔存单的时间为 5 个月零 24 天，所以转让利率调整范围是 0.9% ～ 0.5%，那么转让利率可以在 2.6% ～ 3.0%，如果转让利率为 3.0%，该储户这段时间的利息计算如下：

利息：200 000.00×3.0%×（5÷12+24÷360）=2 900.00（元）

转让价格：200 000.00+2 900.00=202 900.00（元）

所以，买家需要支付 202 900.00 元才能买入该储户的这笔大额存单。

总的来说，大额存单转让优势比较明显：一方面，可以帮助用户在急需资金的时候快速获得资金，并且降低利息损失；另一方面，对于受让方来说是可以赚取利差的，且不会影响资金的流动性。

06 想要更高的收益就选结构性存款

我们知道，收益与风险同行，高收益的同时就伴随着高风险，那么是不是存款这一类低风险的理财就不能享受高收益呢？其实不是，结构性存款就是这样一款可以帮助储户追求高收益的存钱产品。

结构性存款，也被称为收益增值产品，它是运用利率、汇率产品与传统存款业务相结合的一种创新型存款，该产品适合那些对收益有更高追求的，且对外汇汇率及利率走势有一定认识的投资者。

那么，结构性存款是怎么一回事呢？图 2-2 所示为结构性存款。

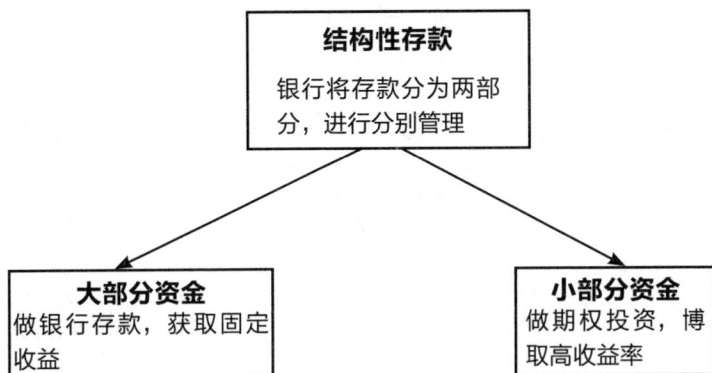

图 2-2　结构性存款

简单来看，结构性存款存入的资金包括两个部分：一部分用作传统的存款；另一部分用于衍生品投资，以获取更高收益，例如汇率、指数、黄金价格、利率及股票等。

所以，结构性存款的结构为：存款 + 期权。存款部分产生的固定收益能够为投资者提供稳定的利息收入，而期权部分的收益则与标的物表现情况相关，如果表现良好则收益较高；如果表现不佳，则收益较低。因此，结构性存款的收益不是固定的，而是浮动变化的，具有一定的风险。

那是不是意味着结构性存款不保本，有损失本金的风险呢？其实结构性存款是否保本要看结构性存款与投资标的的挂钩情况，如果是部分或者仅收益挂钩，投资产品就保本金，如果连本金也挂钩，则有损失本金的可能。目前外币结构性存款部分不保本，而人民币结构性存款都是保本的。

下面以一个具体的结构性存款产品来进行介绍。

理财实例

结构性存款产品分析

表 2-5 所示为某银行的结构性存款产品详情。

表 2-5　产品详情

产品类别	结构性存款		
发售起始日期	2021-7-21 10:00	发售截止日期	2021-7-27 10:00
产品到期日	2022-07-28	风险评级	R1
预期收益率	0.01% 或 6.75%	币种	人民币
投资比例	投资品种为固定收益类资产和衍生金融工具两部分：固定收益类资产指银行存款占比 100%，衍生金融工具指期权投资，占比 0 ~ 10%		
本金及收益说明	银行向投资者提供产品正常到期时的本金完全保障，并根据产品相关规定，按照挂钩标的的表现，向投资者支付浮动收益，预期收益 0.01% 或 6.75%（年化）		

从产品介绍可以看到，该结构性存款属于保本型投资，银行会提供本金保障，即在最差的情况下，投资者也能拿回全部的本金。因此，结构性存款为风险评级 R1 的低风险产品。

如果该结构性存款投资期权部分表现良好，投资者到期可以获得6.75%的年化收益。

综上所述，结构性存款有着本金保障性高、低风险的特点，适合喜欢低风险理财产品且风险承受能力较低的保守型投资者，在保障本金安全的情况下博取更高收益的可能性。

但是，为了降低投资的风险，投资者还应对金融衍生品投资有一定的了解，知道当前的市场行情，并能对未来的基本走向有一个大致的判断，才能真正评估是否能博到预期中的较高收益，否则结构性存款收益率跟存款差不多，虽然不会有本金损失风险，但意义不大。

第 3 章

想要稳定收益还是债券可靠

对于很多缺乏投资经验的投资者来说，相较于高风险、高收益的理财，他们往往更倾向于低收益、低风险、稳定性更强的投资理财工具。而债券投资正好能够满足这类投资者对低风险、稳定收益的追求。

第 7 课　债券投资从基础知识开始

债券实际上是一种有价证券，但它却与股票这类有价证券有着明显的区别，使得它的稳定性更强，更不容易受到市场波动的影响。投资者想要投资债券，获得稳定的收益，首先应从了解债券的基础知识开始。

01 了解债券是怎么回事

债券是政府、银行或企业等债务人为筹集资金，按照法定程序发行并向债权人承诺到期还本付息的有价证券。

从债券的概念中，我们可以了解到关于债券的四个关键内容，具体如下：

①债券投资的本质是借款。

②债券的发行人（政府、企业或银行）是资金的借入者。

③债券的投资者是资金的借出者。

④到期后，发行人还本付息。

所以，为了明确债券双方的权利与义务，债券在发行时会给投资者一张纸质凭证，也就是说，债券到期后投资者可以持该纸质债券获得到期本息资金。尽管市面上的债券种类很多，但是在内容上都包含以下一些基本的要素，内容如表 3-1 所示。

表 3-1　债券的基本要素

要　　素	内　　容
债券面值	债券面值是指债券的票面价值，也是发行人对债券持有人在债券到期后应偿还的本金数额，也是发行人向债券持有人按期支付利息的计算依据。需要注意的是，债券的面值与债券的实际发行价格可能不一致，发行价格大于面值为溢价发行；发行价格小于面值为折价发行；发行价格等于面值为平价发行

续表

要　　素	内　　容
偿还期	偿还期指债券上标明的发行人偿还债券本金的期限，即债券发行日至到期日之间的时间间隔
付息期	付息期指债券上标明的发行人向债券持有人支付利息的时间，不同的债券付息期不同，有的债券为到期一次性支付，有的为一年、半年或三个月一付。其中，到期一次付息的债券，其利息通常是按单利计算的；而年内分期付息的债券，其利息是按复利计算的，所以，投资者在投资时要注意债券的付息期
票面利率	票面利率是债券利息与债券面值的比率，也是债券发行人承诺到期后支付债券持有人利息的计算标准
发行人名称	发行人名称是指债券的债务主体，也为债权人到期追回本金和利息提供依据

随着时代的发展，债券投资也走向了新媒体时代，传统的纸质凭证被电子记录取代，债券中除了凭证式国债之外，其余的都采用电子记录。虽然是电子记录，但是传统债券的基本要素依然存在。

⓪② 债券种类这么多，你都认识吗

了解了债券投资之后，我们还要清楚市面上的债券种类，不同类型的债券具有不同的特点，了解债券并掌握其特点，能够让我们在日后的债券投资中更顺利。

按照不同的划分方式对债券进行划分，可以将其分为多种类型，具体如下：

（1）按照发行主体划分

债券按照发行的主体进行划分，可以分为政府债券、公司（企业）债券和金融债券。

政府债券指政府为了筹集资金而发行的债券，包括国债、地方政府债券等。

在国外，通常没有企业债券和公司债券的区别，都统称为公司债券。但在我国，企业债券是按照《企业债券管理条例》规定发行与交易，由国家发展与改革委员会监督管理的债券，在实际中，其发债主体为中央政府部门所属机构、国有独资企业或国有控股企业。因此，它在很大程度上体现了政府信用。而公司债券管理机构为中国证券监督管理委员会，发债主体为按照《中华人民共和国公司法》设立的公司法人，在实践中，其发行主体为上市公司，信用保障是发行公司的资产质量、经营状况、盈利水平和持续盈利能力等。所以，可以看出企业债券和公司债券，两者存在较大的不同。

金融债券是由银行和非银行金融机构发行的债券，因为金融机构通常有较强的资金实力，所以，其发行的债券信用度较高、风险较低。

（2）按照债券形态划分

按照债券形态划分，可以将其分为实物债券、凭证式债券和记账式债券。

实物债券是一种具有标准格式的实物券面的债券，其券面上印制了债券面额、债券利率、债券期限、债券发行人全称和还本付息方式等各种债券票面要素。

凭证式债券是指国家采取不印刷实物券，而用填制"国库券收款凭证"的方式发行的国债。

记账式债券指没有实物形态的票券，以电脑记账方式记录债权，通过证券交易所的交易系统发行和交易。

（3）按照付息方式划分

按照付息方式划分，可以将债券分为零息债券、定息债券和浮息债券。

零息债券指债券券面上不附有息票，票面上不规定利率，发行时按照规定的折扣率，以低于债券面值的价格发行，到期按面值支付本息的债券。

定息债券是市面中最常见的一种债券，是固定利率的债券，即将债券利率印在票面上并按期向债券持有人支付利息的债券。因为该债券的利率是固定的，所以，不受市场利率的变化而波动调整。

浮息债券是一种每年浮动计息的债券，票面利率为某一参考的基准利率加上发行人规定的利差之和。理财者购买浮息债券，可在一定程度上规避利率波动的风险。

（4）按照是否可转换划分

按照是否可转换划分可以将债券分为可转换债券和不可转换债券。

可转换债券是指在特定时期内可以将债券按某一固定的比例转换成普通股的债券，它具有债权与股权双重属性。

不可转换债券是指不能转换为普通股的债券，又称为普通债券。

（5）按照是否能提前偿还划分

按照是否能提前偿还划分，可将债券分为可赎回债券和不可赎回债券。

可赎回债券是指在债券到期前，发行人可以以事先约定的赎回价格收回的债券。不可赎回债券是指不能在债券到期前收回的债券。

根据上面的介绍可以看到，市场中的债券确实种类繁多，且不同的债券具有不同的特性，我们在实际的债券投资中应该结合债券的特点进行考量选择，不可贸然入市。

🔆 ⑱ 债券的收益计算

债券收益也就是指投资者进行债券投资所获得的收益。债券理财收益计算起来非常简单，计算公式如下：

到期收益率＝（收回价格－购买价格＋总利息）÷（购买价格×到期时间）×100%

但是，因为债券投资允许投资者在二级市场上交易买卖，所以，债券收益计算就涉及出售者和购买者的收益率计算，具体公式如下。

债券出售者的收益率＝（卖出价格－发行价格＋持有期间的利息）÷（发行价格×持有年限）×100%

债券购买者的收益率＝（到期本息和－买入价格）÷（买入价格×剩余期限）×100%

债券持有期间的收益率＝（卖出价格－买入价格＋持有期间利息）÷（买入价格×持有年限）×100%

下面以一个具体的例子来进行说明。

理财实例

债券收益计算分析

杨先生在 2021 年 1 月 1 日以 101.00 元的价格买入面值为 100.00 元、利率为 6%、每年 1 月 1 日支付一次利息的 2017 年发行的 5 年期债券。

如果杨先生购买债券后持有到 2022 年 1 月 1 日到期，则杨先生的债券收益率计算如下：

（100.00+100.00×6%-101.00）÷（101.00×1）×100%=5.0%

债券出售者的收益率计算如下：

（101.00-100.00+100.00×6%×4）÷（100.00×4）×100%=6.3%

本例中债券出让人从债券发行时就买入该债券，其持有期间的收益率计算如下：

（101.00-100.00+100.00×6%×4）÷（100.00×4）×100%=6.3%

04 利用信用评级选择债券

根据前面的介绍，我们知道债券投资是一种稳定的投资，发行人到期按照约定偿还本金和利息，不受市场波动的影响。也就是说，无论市场如何变化，只要债券发行人不违约，债券投资者就能够获得自己的债券投资收益。

这其中就涉及债券信用风险，即债券发行人不能按时偿还本息的风险。此时，为了能够降低债券的投资风险，我们可以利用债券信用评级来进行筛选，选择信用评级高的，风险更低的债券，这样可以使债券投资更稳妥。

债券信用评级是以企业或经济主体发行的有价债券为对象进行的信用评级。债券信用等级是由某些权威机构通过对债券发行者的财务状况及经营状况全面调查后对其所发行债券按一定标准所评定出的级别。

债券评级通常把债券的级别分为三个等级九个级别，具体如下：

◆ A 级

A 级下分为 AAA、AA 和 A 效三个级别。

"AAA" 级是最高等级，表示安全度最高、风险最小。

"AA" 级表示安全度相当高，风险较小，能保证偿付本息。

"A" 级表示安全度在平均水平之上，有一定能力保证还本付息。

◆ B 级

B 级下分为 BBB、BB 和 B 效三个级别。

"BBB" 级表示安全度处于平均水平，目前状况较安全，但从稍长时期看，缺少一些保护性因素。

"BB" 级表示将来可能会出现一些影响还本付息的不利因素。

"B" 级表示收益率极低，将来安全性无保障。

◆ C 级

C 级下分为 CCC、CC 和 C 效三个级别。

"CCC"级表示债务过多，有可能不履行偿还义务。

"CC"级表示有高度投机色彩，经常不支付或延付利息。

"C"级是最低级，表示前途无望，根本不能还本付息。

根据上述介绍我们可以看到，不同信用级别的债券，具有的投资风险程度是不同的，其中 A 级中的"AAA"的债券信用风险程度最低，C 级中的"C"的债券信用风险程度最高。因此，在日常的债券筛选中我们要注意查看债券的信用级别，通常在债券的基本信息介绍中可以看到，如图 3-1 所示。

项目	详细资料
公司名称	2014年重庆市合川城市建设投资(集团)公司债
债券代码	124850
代码简称	14合川投
发布时间	2014-08-01
上市日	2014-08-04
发行额(亿元)	16.0000
面额(元)	100.00
发行价(元)	100.00
期限(年)	7
年利率(%)	7.3
调整后年利率	0.00000000
计息日	07.07
到期日	2021-07-07
兑付价(元)	0.0000
发行起始日	2014-07-07
发行截止日	2014-07-08
认购对象	
债券价值	0.00
上市地	沪市
信用级别	AA
发行单位	重庆市合川城市建设投资(集团)有限公司
还本付息方式	年付

图 3-1　查看债券信用级别

第 8 课　了解债券的花式投资法

许多人对债券投资的认识比较单一，以为债券投资只是单纯的持有到期即可。其实，这只是债券最简单、也是收益最为稳定的一种投资方法。

但实际上，债券的投资方法有很多，不同的投资方法投资者承受的投资风险不同，享受的投资回报也不同，下面我们来具体看一下。

01 被动投资：持有债券到期获得到期本息

债券投资中最简单的一种被动型投资方法，即持有到期，该投资方法比较适合厌恶风险的保守型投资者，它是一种不依赖市场变化而保持固定收益的投资方法。通过这一投资方式，投资者能够获得比较稳定的债券利息收入并到期安全收回本金。

购买持有到期的操作方法比较简单，其步骤主要包括以下三点：

①在债券市场中根据自己的爱好和实际需求，选择能够满足自己要求的债券。

②买进后持有到到期兑付之日。在债券持有期间，不做任何的债券买卖活动。

③到期后，按照约定的兑付事项进行本息兑付。

从购买持有到期这种投资方法的操作步骤可以看到，虽然这种投资方法比较简单，但却有不可忽略的优势，具体如下：

收益固定。购买持有到期这种投资方法的收益是固定的，投资者在购买之初就知道了此番投资的收益情况，并且不受到外部环境及市场行情变化的影响。

收益率高。虽然债券购买持有到期的收益率相较于股票、基金这类积极型投资收益率更低，但是在被动投资的工具类型中，收益率还是可观的，尤其是一些期限较长的债券，票面利率更高。

投资成本低。购买持有到期这种投资方法比较简单，没有频繁的买进卖出行为，所以手续费用很低。此外，如果投资者购买的是政府发行的债券，例如国债，取得的利息收入是免税的。这样可以提高投资者的收益率。

但是，投资者通过这一方法做债券投资时要注意一点，即债券的期限，因为买入债券后，不会有买进卖出的行为，所以，资金的流动性受限较强。投资者在买进债券之初就要根据自己的闲置资金情况及日常资金使用情况来选择合适的期限。

根据债券期限的长短可以将债券分为短期债券、中期债券和长期债券。短债3个月～3年，中债3年～10年，长债10年～30年。一般来说，期限越长的债券其收益率也越高，但同时期限越长，对资金锁定的要求也就越高。因此，投资者要慎重考虑债券的期限性。

⑫ 主动投资：二级市场低买高卖赚差价

二级市场投资，首先需要了解什么是二级市场。很多人提及二级市场，第一时间想到的便是股票市场。其实不然，二级市场指有价证券的交易场所、流通市场，是发行有价证券进行买卖交易的场所。

所以说，二级市场是一个资本市场，是已公开发行或私下发行的金融证券进行买卖交易的市场。由此可见二级市场不仅有股票市场，还有债券市场，以及大宗商品市场等。

债券二级市场的核心在于债券的转让，如果投资者购买债券后不想持有到期，则可以在二级市场中转卖手中持有的债券，这样可以快速使资金变现。

但是，二级市场中的债券价格受到市场波动的影响较大，所以，在买卖过程中会出现价差，进而出现低买高卖的获利空间。因此，喜欢主动投资的，对市场变化感受灵敏的投资者则更倾向于二级市场低买高卖的投资方法。

理财实例

二级市场卖出债券计算收益

王女士以 98.00 元的价格买进面值为 100.00 元，利率 5%，利息年付，5 年期国债，买进 10 手（1 手 =10 张）。买进后，王女士持有两年后，以 105.00 元的价格全部卖出，计算王女士卖出国债后获得收益如下：

王女士买进债券实际投资本金：$98.00 \times 100 = 9\ 800.00$（元）

10 手国债的票面价值为：$10 \times 10 \times 100.00 = 10\ 000.00$（元）

王女士以 105.00 元的价格卖出获得收入：$105.00 \times 10 \times 10 = 10\ 500.00$（元）

王女士持有两年国债的利息收入：$10\ 000.00 \times 5\% \times 2 = 1\ 000.00$（元）

此番投资王女士的收益：$10\ 500.00 + 1\ 000.00 - 9\ 800.00 = 1\ 700.00$（元）

其中：700.00 元（$10\ 500.00 - 9\ 800.00$）为二级市场卖出获得的价差收益。

债券二级市场交易看起来很简单，只要坚持"低买高卖"的原则即可，但是如果投资者不了解债券二级市场的交易规则直接买卖交易，就会遇到极大的困难。

债券二级市场的交易规则具体包括以下几点：

◆　债券交易申报数量

沪市：申报数量为 1 手或其整数倍，单笔申报最大数量不超过 10 万手。

深市：申报数量为 10 张或其整数倍，单笔申报最大数量不超过 100 万张。余额不足 10 张部分，应当一次性申报卖出。

需要注意的是，上海交易所的 1 手为 1 000.00 元，深圳交易所的 1 张为 100.00 元。沪市债券最小买卖单位是 1 手，深市债券最小买卖单位是 1 张，不会出现小数。

◆　债券交易的计价方式

沪市：上交所上市的国债、公司债券、企业债券、可交换债券、分离交易的可转换公司债券中的公司债券现货交易实行净价交易，全价交收；可转换公司债券现货交易实行全价交易，全价交收。

深市：深交所上市的国债、地方政府债券、企业债券、公司债券、分离交易的可转换公司债券现券交易实行净价交易，全价交收；可交换债券、可转换公司债券现券交易实行全价交易，全价交收。

需要注意的是，净价指报价不包含债券的利息，全价是指报价包含债券的利息。债券现券交易采用净价交易方式的，结算价格为成交价格与应计利息金额之和；采用全价交易方式的，结算价格为成交价格。

◆ 债券的计息

债券的计息公式如下：

应计利息金额＝债券面值 × 计息天数 × 票面利率 ÷365 天

其中，国债、企业债、公司债的应计利息计算方式一致。

◆ T＋0 的交易制度

债券二级市场交易实行 T+0 交易制度，即投资者当日买进的债券可以在当日卖出，包括可转换债券、国债、企业债以及可交换债券等。

⓪⑶ 积极投资：可转债转股，债市转股市

债券投资除了购买持有到期和二级市场交易之外，还可以转移到股票市场，在股市中追涨逐利，这就是可转换债券。

可转换债券是债券中比较特殊的一种类型，它是指债券持有人可以按照债券发行时约定的价格将债券转换为公司普通股票的债券。

我们可以这样理解，如果债券持有人不想转股，则可以继续持有债券，直至到期，享受到期利息收益，与一般债券无异；也可以在二级市场中流通转让变现，享受低买高卖的价差收益；或者债券持有人看好发债公司股

票的增值潜力，则可以行使自己的转股权利，将债券按照事先约定的转股价格转换成股票，发债公司不可拒绝，然后在股市中享受股价上涨的红利。

根据可转换债券的定义可以了解到，可转换债券具有三个特点：

①可转换债券具有债权性，与其他债券一样，也有规定的票面利率和期限，同样可以享受到期利息收益。

②可转债具有股权性，可转债在转股之前是债券，具有债权性，但转换成股票之后就变成了公司的股票，具有股权性。

③可转换债券具有可转性，即可转换债券转不转股依照投资者自己的意愿，是投资者个人的权利。

从以上内容可以知道，可转债相比其他债券更复杂，投资方式也更灵活，适合有股市投资想法的投资者。投资者可以一边关注债券市场，一边关注股票市场，在合适的时机转股获利。

对于可转债转股，我们需要从三个方面来了解，具体如下：

（1）转股流程

沪深两市中可转债的转股流程有所不同。

在沪市，投资者可以通过券商柜台、电话或网上证券交易页面委托卖出，输入转股代码，再输入要转股的数量即可（不用填转股价，系统自动显示）。有的券商页面，只需要委托买入即可，具体的要根据券商界面进行填写。

在深市，投资者需要在证券交易页面选择其他委托（实际投资中各个券商的界面可能存在些许差异）中的转股回售，操作方式选择"可转债转股"，然后输入可转债代码，输入要转股的数量即可。

（2）转股规则

可转债转股的规则包括以下四点：

①可转债只能在转股期内转股。如今，市面上交易的可转债转股期一般是在可转债发行结束之日起 6 个月后至可转债到期日为止。而在这一期间的任意一个工作日投资者都可以操作转股。

②可转债可转换为股票，但股票不可再转回可转债，转股后投资者即成为该公司的股东，也不再有利息期限。

③可转债转股不需任何手续费用。

④可转债通常有提前赎回条款，即在约定的条件下，发行公司有权提前赎回可转债。可转债的提前赎回条件为：当可转债进入转股期后，公司股票在任意连续 30 个交易日中的收盘价（有时还会附加这 30 个交易日中的 × 天的收盘价）不低于当期转股价格的 130%；或者当本期可转债未转股余额不足该债券面值的 1% 时（或者当本期可转债未转股余额不足 3 000.00 万元时），公司董事会有权决定按面值加当期应计利息的价格赎回全部或部分未转股的可转换公司债券。

（3）转股计算

可转债转换成股票涉及转股数量的计算，计算公式如下：

转股数量 = 可转债转股张数 ×100 ÷ 转股价格

需要注意的是，可转债申请转股的面值总额必须是 1 000.00 元的整数倍，申请转股最后得到的股数份额为整数股，当尾数不足 1 股时，公司将在转股日后的 5 个交易日内以现金兑付。

理财实例

可转债转股计算

陈先生以 99.00 元的价格买进某公司可转换债券 20 张，面值为 100.00 元，转股价为 20.00 元 / 股。陈先生买进后可转债价格上涨至 110.00 元，该公司的股价上涨至 25.00 元 / 股，此时计算投资者的转股收益。

陈先生的转股数量：20×100.00/20.00=100（股）

如果投资者转股后以 25.00 元 / 股的价格卖出：25.00×100=2 500.00（元）

投资者此时的收益：2 500.00-99.00×20=520.00（元）

如果此时投资者不转股，而是在二级市场以 110.00 元 / 张的价格卖出，那么，陈先生的收益计算如下：

陈先生卖出价格：110.00×20=2 200.00（元）

此次投资收益：2 200.00-99.00×20=220.00（元）

所以，我们可以看到，如果投资者转股，那么其投资收益与正股价格表现直接相关，正股上涨，投资者获益，正股下跌，投资者遭受损失；如果投资者不转股，则其收益与二级市场中可转债的价格涨跌变化直接相关。

第 9 课　根据投资风格选择债券

根据前面的介绍我们知道市场中的债券种类有很多，且不同的债券有不同的风格，那么我们应该如何来选择呢？

实际上，选择债券最好的方法就是从投资者自身的投资风格出发，选择与自己风格相匹配的债券，保守型投资者选择低风险的国债，追求高利率的投资者选择企业债券。

01 保守型投资者优选国债投资

国债是以国家信用为基础，按照债的一般原则，通过向社会筹集资金所形成的债权债务关系。国债是由国家发行的债券，是中央政府为筹集财政资金而发行的一种政府债券，是中央政府向投资者出具的、承诺在一定时期支付利息和到期偿还本金的债权债务凭证。

因为国债的发行主体是国家，所以它是所有债券中信用度最高的，也是被公认为最安全的投资工具，因此，国债投资风险小、流动性强，非常适合保守型的、厌恶投资风险的理财者，以及一些风险承受能力较低的老年人。

国债投资首先需要知道的是国债的品种。国债分为储蓄式国债和记账式国债，其中储蓄式国债又包含凭证式和电子式两种形式，具体内容如表 3-2 所示。

表 3-2　国债的品种

品　　种		内　　容
记账式国债		记账式国债是由财政部通过无纸化方式发行的、以电脑记账方式记录的国债，适用于个人和机构投资者，可以上市交易。它以电子形式记录债券，期限一般较长，但比较灵活，投资者可一直持有到期获得到期收益，也可以中途买卖通过差价获利，不过中途交易可能损失利息甚至本金
储蓄式国债	凭证式	凭证式国债，也称为凭证式储蓄国债，它有纸质凭证，可以记名挂失。凭证式国债主要面向个人，其他类型投资者也可以投资，投资期限一般为 3～5 年，投资期内利率固定，利率通常比同期银行存款基准利率略高。但是，凭证式国债不可上市流通转让，可以提前兑付，提前兑取时，除偿还本金外，利息按实际持有天数及相应的利率档次计算（不像银行定存，提前支取只能得到活期利率），经办机构按兑付本金的 2‰ 收取手续费
	电子式	电子式国债，也称为电子式储蓄国债，它只向个人投资者发售，采用实名制，不可流通转让，但可以提前兑付。提前兑取时经办机构按兑付本金的 1‰ 收取手续费。投资期限与凭证式相同，一般也为 3～5 年，但利率方面有固定利率和浮动利率两种

通过上面的介绍，很多人可能会产生疑虑，国债既然有多种类型，那么选择哪一种更好呢？实际上，国债没有哪种更好的说法，选择国债品种的关键在于投资者的侧重点是什么。例如，有的投资者看重流通性，更喜欢能够上市交易的记账式国债；有的投资者看重收益率，所以倾向于凭证式储蓄国债。

　　了解了国债的种类之后，还要知道国债的购买渠道，不同类型的国债其购买方式是不同的。

　　凭证式国债主要面向的是个人投资者，所以其发售和兑付是通过各大银行的储蓄网点、邮政储蓄部门的网点及财政部门的国债服务部办理。

　　电子式国债可以到证券公司和试点商业银行柜台买卖。试点银行包括中国工商银行、中国农业银行、中国银行、中国建设银行和招商银行等。

　　但是，记账式国债的购买必须在交易所开立证券账户或国债专用账户，并委托证券机构代理进行。因此，投资者必须拥有证券交易所的证券账户，并在证券经营机构开立资金账户才能购买记账式国债。

　　需要注意的是，任何渠道购买国债都是一样的，不会引起收益或风险的变化，只是渠道不同而已。

　　国债这一种低风险、信用度极高的债券，每次发行都会立即被大批的投资者抢购一空，所以，国债投资者们不仅需要知道适合自己的国债品种及购买渠道，还需要知道国债的发行时间，才能在第一时间抢购到自己心仪的国债。

　　国债发行计划是国家财政部门提出的关于当年国债发行的数量、种类、利率、期次、时期、方式、成本等事项的计划，所以通常国债发行会以公告的方式进行公示。目前，查询国债发行时间的方式主要有三种：财政部官网查询、中国人民银行官网查询及证券公司官网查询。

　　下面以财政部官网查询为例进行介绍。

理财实例

财政部官网查询国债发行时间

　　进入财政部官网首页（http://www.mof.gov.cn/），在首页搜索框中输入"国债发行计划"，单击搜索按钮，如图 3-2 所示。

图 3-2　输入"国债发行计划"

在搜索结果页面可以看到国债发行计划的相关内容，在页面中选择"按时间排序"选项，如图 3-3 所示。

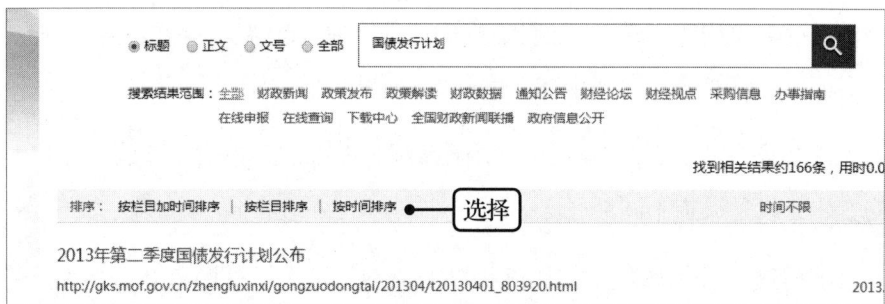

图 3-3　选择"按时间排序"选项

随后国债发行计划按照时间由近及远进行排列，选择最近的国债发行计划，如图 3-4 所示。

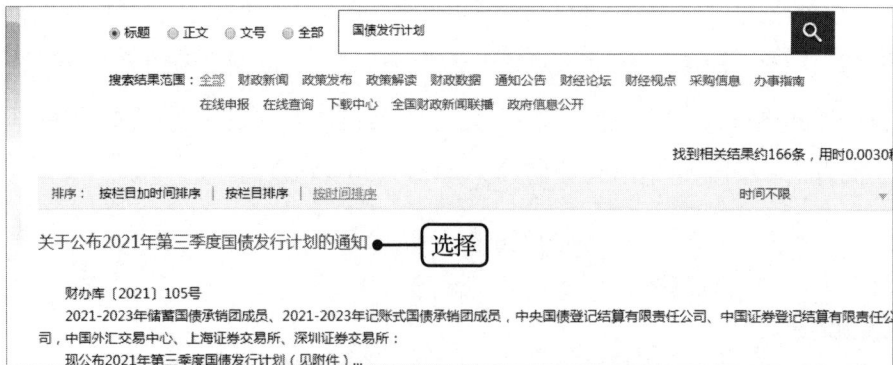

图 3-4　选择最近的国债发行计划

进入国债发行计划通知详情页面，在该页面中可以查看到国债发行的相关内容，确认之后，可以在该页面单击"附件"超链接，下载附件，如图 3-5 所示，国债发行的时间、详细信息在附件中即可查看。

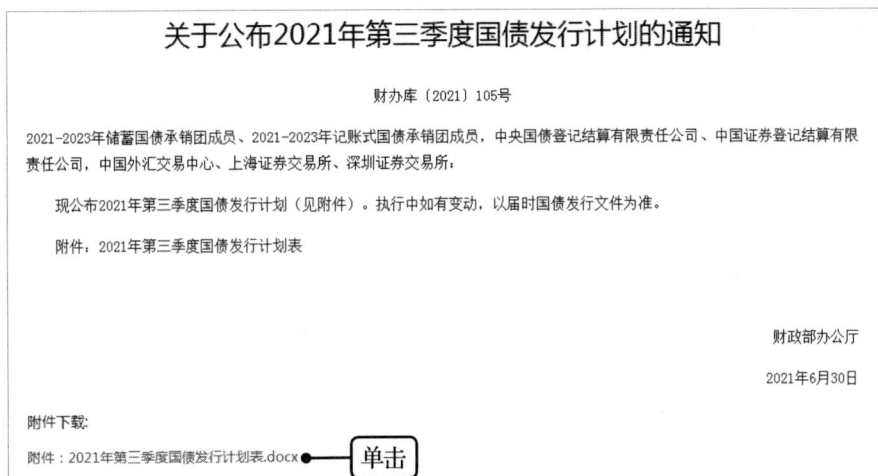

图 3-5　下载附件

在附件中查看国债发行的详细信息，如图 3-6 所示。

图 3-6　查看国债发行的详细信息

总的来看，国债流通性强、安全、稳定，非常适合各类保守型及低风险偏好的投资者，通过国债可以轻松实现稳健盈利的目的。

ⓐ 积极型投资者考虑公司债券

这里介绍的积极型投资者是相较于厌恶风险的以国债为主的投资者而言，他们在债券投资中能够承受一定的风险，也倾向于追求更高的收益率。所以，对于这类投资者来说，相比国债，公司债券更适合。

公司债券是公司为达到融资目的而发行的债券，它与国债相比具有以下几个比较突出的特点：

◆ 风险大

公司债券的还款来源主要依靠于公司的经营情况，如果公司经营良好，那么公司就能到期按时还本付息，但是如果公司经营不善，甚至出现倒闭的情况，那么投资者就面临违约风险。因为在实际中，任何一家公司未来的经营都存在不确定性，尤其是债券时间期限越长，这种风险性就越强，所以，公司债券投资者需要承担可能损失利息甚至是本金的风险。

◆ 收益率高

与风险对应的是收益率，公司债券的风险比国债高，但同时收益率也更高。

◆ 选择权

公司债券的发行者与持有者之间可以相互给予一定的选择权，例如，可转换债券，投资者具有转股权。

◆ 经营权

公司债券反映的是债权关系，不拥有对公司的经营管理权，但是可以比股东优先享有索取利息、优先要求补偿和分配剩余资产的权利。

做公司债券投资，投资者需要了解公司债券的种类有哪些，根据不同的划分方式，公司债券可以分为多个类型，具体如下：

（1）按照债券是否记名划分

将公司债券按照是否记名划分，可以将其分为记名公司债券和不记名公司债券。记名公司债券是指在券面上登记持有人姓名的债券，持有人在支取债券本息时需要凭印鉴领取，转让时必须背书并到债券发行公司登记。不记名公司债券指券面上没有载明持有人姓名，持有人支取本息时以债券为凭即可，不需要登记。

（2）按照是否参加公司利润分配划分

将公司债券按照持有人是否参加公司利润分配划分可以分为参加公司债券和非参加公司债券。参加公司债券是指债券持有人除了可以获得按照预先约定的利息收入之外，还可以在一定程度上参加公司利润分配的公司债券；非参加公司债券指债券持有人只能按照事先约定的利率获得利息的公司债券。

（3）按照债券是否可提前赎回划分

将公司债券按照是否可以提前赎回划分，可以将其分为可提前赎回公司债券和不可提前赎回公司债券。可提前赎回公司债券指债券发行者可以在债券到期之前购回其发行的全部或部分债券；不可提前赎回公司债券，即只能一次到期还本付息的公司债券。

（4）按照发行人是否给予持有人选择权划分

将公司债券按发行人是否给予持有人选择权划分，可以将其分为附有选择权的公司债券和未附有选择权的公司债券。附有选择权的公司债券指部分公司债券中，发行人给予持有者一定的选择权，例如可转换债券，持有人拥有可转股的权利；未附有选择权的公司债券指债券发行人没有给持有人选择权的公司债券。

其实，对于上面介绍的任何一种公司债券投资，投资者最为担心的就是出现违约风险，所以，投资者在选择公司债券时要慎重。通常可从以下三个方面进行筛选：

◆ 看债券的信用评级

在前面的内容中我们介绍过债券的信用评级，知道债券评级通常分为九个级别，最高级别为 AAA，最低级别为 C。在筛选公司债券时，我们首先可以借助信用评级来对公司债券进行筛选。因为债券评级机构为专业的评级机构，能够从专业的角度对债券的等级进行评估，这样能够避免投资者踩雷。

◆ 看公司的基本面

我们知道公司债券的还款来源主要依赖于公司的经营情况，所以，挑选公司债券最重要的是查看企业的经营状况，判断其还款能力，这些可以通过基本面来进行分析查看。查看公司的基本面主要包括以下几点：

①查看公司的财务报表，并对其进行分析，通过主要的财务指标情况来判断公司的投资价值，例如市盈率、净资产收益率、毛利率、速动比率、资本周转率等。

②分析公司所在的行业，主要包括两个方面：一是该行业的发展前景，是否为充满希望的新兴行业，还是黄昏产业；二是查看公司在该行业中所处的位置，如果公司处于行业中的龙头企业，那么公司的发展前景较大，具有投资价值。

③查看该公司在市场中的占比情况，主要就公司产品在同类产品中所占的份额及公司产品的覆盖范围进行分析。如果公司的占比份额较大，说

明该公司具有较强的竞争力，未来的发展潜力较大。

④分析公司的知识产权，独立自主的知识产权是公司发展壮大的基础，也是稳定利润的来源和保证。

◆　看宏观环境

选择公司债券除了选择债券和公司之外，还要对外部的宏观环境进行基本的查看。一个好的宏观环境使公司发展能够更顺畅，理财者面临的违约风险也就更低。宏观环境主要包括宏观经济和监管政策，如果宏观经济环境好，政策支持，那么企业发展较好；反之，则公司发展会受到阻碍。

所以，我们在选择公司债券品种时，除了看信用评级，还需要深入分析公司的偿债能力、抵押担保等情况，选择基本面良好、宏观环境良好的公司债券。

03　稳健型投资者配置金融债也是不错的

金融债是在我国境内依法设立的金融机构法人在全国银行间债券市场发行的、按约定义务还本付息的有价证券。因为金融债券的发行机构为银行或财务公司，所以其资金实力雄厚，违约风险低，更适合稳健型的投资者。

我们知道虽然国债安全稳定，但是收益率低，期限较长，动辄 3 年或 5 年，相较而言，金融债则收益率更高，灵活性更好，因此，金融债券可以作为理财者稳健投资的一种配置。

金融债券的最大特点在于其发行机构，投资者在投资之初要明确哪些是金融机构。金融机构主要包括证券、保险、银行和信托等，所以，金融债券主要包括政策性金融债、商业银行债券、证券公司债券、保险公司次级债券等，具体如下：

（1）政策性金融债

政策性金融债是我国政策性银行为筹集资金，经国务院批准，以市场化方式向国有商业银行、邮政储蓄银行、城市商业银行等金融机构发行的债券。其中的政策性银行包括国家开发银行、中国进出口银行和中国农业发展银行。

（2）商业银行债券

商业银行金融债券指国内商业银行在全国银行间债券市场发行的、按约定还本付息的有价证券。通常来讲，商业银行除了发行普通的金融债券以外，还发行次级债券、资本补充债券等。

根据相关规定，商业银行发行金融债券应当具备下列条件：

①具有良好的公司治理机制。

②核心资本充足率即核心资本与加权风险资产总额的比率不低于 4%。

③最近三年连续盈利。

④贷款损失准备计提充足。

⑤风险监管指标符合监管机构的有关规定。

⑥最近三年没有重大违法、违规行为。

⑦中国人民银行要求的其他条件。

（3）证券公司债券

证券公司债券指证券公司发行的金融债券，包括证券公司普通债券、证券公司短期融资债券、证券公司次级债券等品种。

根据最新的《公司债券发行与交易管理办法》第十四条的规定，公开发行公司债券，应当符合下列条件：

①具备健全且运行良好的组织机构。

②最近三年平均可分配利润足以支付公司债券一年的利息。

③具有合理的资产负债结构和正常的现金流量。

④国务院规定的其他条件。

（4）保险公司次级债券

保险公司次级债券指保险公司发行的，期限在五年以上（含五年）的债券。

根据《保险公司次级定期债务管理办法》第九、十条规定，保险公司发行次级债券需要满足以下条件：

①保险公司偿付能力充足率低于 150% 或者预计未来两年内偿付能力充足率将低于 150% 的，可以申请募集次级债。

②保险公司申请募集次级债，应当符合下列条件：

◆ 开业时间超过三年。

◆ 经审计的上年度末净资产不低于人民币五亿元。

◆ 募集后，累计未偿付的次级债本息额不超过上年度末经审计的净资产的 50%。

◆ 具备偿债能力。

◆ 具有良好的公司治理结构。

◆ 内部控制制度健全且能得到严格遵循。

◆ 资产未被具有实际控制权的自然人、法人或者其他组织及其关联方占用。

◆ 最近两年内未受到重大行政处罚。

◆ 中国银保监会规定的其他条件。

通过上述介绍我们可以看到，对于金融债券，首先国家对债券发行的金融机构做出严格的限制，其次对不同金融机构的债券发行条件做出了不同条件的要求。所以，金融债券的发行非常严格。

在这样的监督管理制度下，金融债券的安全性更强，投资者承担的投资风险更低，收益更有保障，投资更稳健。

总的来看，国债、公司债和金融债，虽然本质上都属于债券投资，但是它们在安全性、收益率上却不同。

从安全性的角度来看：国债＞金融债券＞公司债券；而从收益率的角度来看：公司债券＞金融债券＞国债。因此，想要追求安全、稳定的投资者可以选择国债；想要追求高收益、高回报的投资者可以选择公司债券；如果介于两者之间，偏稳健的投资者可以选择金融债券。

这样，从投资者个人的风险承受能力和投资风格出发筛选出来的债券才是真正适合投资者的债券。

第 **4** 章

渐入佳境可以学着基金理财

　　理财者积累了一定的投资经验后，如果想要尝试更进一步的理财，此时可以试着基金理财。基金理财是一种集合理财形式，有专业的基金经理对其进行管理，投资者可以坐享投资收益，非常简单，初级投资者也可以轻松上手。

第 10 课　理财产品这么多，为什么选择基金

基金在理财市场中的人气一直居高不下，尤其是一些"90 后""00 后"，提起理财他们更愿意选择基金理财。这是因为基金理财门槛低、操作简单，同样可以享受股市收益，但承担的风险却更小。

01 集合管理，专业理财的基金投资

在开始基金理财之前，我们需要理解一个基本概念——基金。基金是指为了某种目的而设立的具有一定数量的资金，例如公积金、保险基金和养老基金等。而基金理财则是将众多投资人的闲散资金聚集起来，由专业的基金管理公司进行管理和运营，通过对股票、债券及其他投资工具进行投资获取利益，使投资者获得投资回报的一种投资方式。

图 4-1 所示为基金理财的运作示意图。

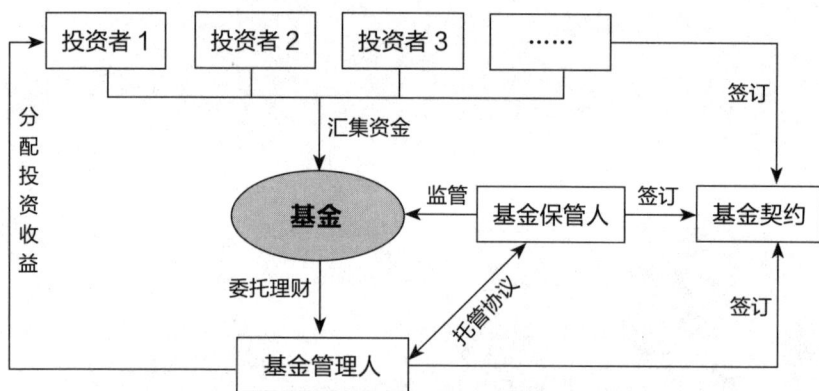

图 4-1　基金投资示意图

从图 4-1 可以看到，在基金投资的运作流程中，有几个重要的组成部分需要引起重视。

- 投资者

投资者指的是散户投资者，也就是个人投资者，我们将自己的投资资金用来购买基金份额，进行基金投资。无数投资者的资金聚集形成基金。

- **基金管理人**

它是基金产品的募集者和管理者，其主要的职责就是按照基金合同的约定，对基金资产进行投资运作，在控制风险的基础上为投资者争取最大程度的投资预期收益。

- **基金托管人**

它是根据基金合同的规定直接控制和管理基金财产，并按照基金管理人的指示进行具体资金运作的基金当事人，基金托管人是投资者权益的代表，是基金资产的名义持有人或管理机构。

通过基金投资的运作过程，我们可以了解到，基金理财具有其他理财工具没有的几大优势，具体如下：

（1）集合理财，专业打理

基金投资是将众多闲散投资者的资金集中起来，并委托专业的基金管理人进行共同投资，具有集合理财，专业打理的特点。

首先，通过积少成多的聚集方式，汇集大量投资者的资金，可以发挥出资金的规模优势，使基金能够进行门槛更高、收益更高的投资。其次，基金交由专业的基金管理人进行打理，比个人投资者进行投资操作更专业，收益率更高，因为基金管理人通常具有专业的投资研究团队和强大的信息渠道，能够更敏锐地把握市场中的动态变化，抓住买卖时机。

（2）组合投资，风险更为分散

个人投资者进行投资时，由于精力有限、资金有限，所以往往会将资金投入 2 ～ 3 只股票，或是其他理财工具中，这样的投资会使得其资金比较集中，一旦遭遇市场不利变化，将承受重大的损失。

但是，基金投资则不同，在基金理财中，通常一只基金会投资几十只，甚至上百只的股票，投资者购买基金就等于用很少的钱投资了几十只甚至上百只股票，即便其中部分股票下跌对投资造成影响，产生损失，也可能会由其他股票上涨来弥补。因此，基金理财通过组合投资的方式，极大程度地分散了投资者的风险，使得投资能够更加安全。

（3）利益共享，风险共担

正是因为基金是所有投资者资金的集合，所以基金使得所有投资者成为一个利益共同体，当基金上涨获利时所有的投资者都能够享受基金上涨带来的收益回报；当基金下跌时，所有的投资者也将承受基金下跌带来的经济损失。

（4）资金流动性强

我们知道，很多理财工具都有投资期限的限制，在投资期限内投资者不能做买进卖出操作，否则会损失投资收益。但是，基金则不同，投资者可以根据个人实际投资需要随时买卖基金，而且手续简单容易操作，所以，基金投资的资金流动性更强，更便于投资者进行投资操作。

最后，对于基金投资，很多人会对基金托管产生担忧，怕出现卷钱跑路的情况。实际上，为了保护投资者的利益，中国证监会对基金业实行了比较严格的监管，并对各种可能有损投资者利益的行为进行严厉打击，还强制基金进行充分的信息披露。在这样严格监管与信息透明的管理下，投资者大可放心。

⓸ 做基金投资，基本的基金类型要认识

市场中的基金有很多，不同的基金投资方向不同，交易特点也不同，

所以在做基金投资之前，理财者有必要了解市场中基本的基金类型，并知道它们各自的特点。

基金的分类方法有很多，主要有以下五种：

（1）按照投资方向划分

根据基金的投资方向来划分，可以将基金分成货币型基金、债券型基金、股票型基金和混合型基金。这种分类方式也是市面上使用最多的一种划分方式。各个基金的具体内容如下：

◆ **货币型基金**：货币型基金是以短期国债、中央银行票据、银行存款等货币市场工具为投资对象的基金。货币基金具有收益稳定、流动性强、可随时存取的特点。

◆ **债券型基金**：债券型基金是指基金中大部分资金都投资于债券的基金，按照规定，债券投资的比例应该在 80% 以上。因为债券型基金的投资对象大部分为稳定的债券，所以，债券型基金也具有收益稳定的特点。

◆ **股票型基金**：股票型基金是指基金中大部分资金都投资于股票的基金，其中：股票投资的比例占基金总资产的 80% 以上。因为绝大部分的资金都投资于股票，所以，股票型基金具有高风险性和高收益性的特点。

◆ **混合型基金**：混合型基金指基金的投资对象包括股票和债券，甚至还有货币。基金中的资产配置也比较灵活，混合型基金会根据不同的投资目标而配置不同的股票、债券比例，如果股票比例较高，则为偏股型混合基金；如果债券比例较高，则为偏债型混合基金；如果股票和债券的比例差不多，就是股债平衡型基金。

（2）按照投资策略来划分

将基金按照投资策略进行划分，可以将其分为主动型基金和被动型基金。主动型基金是以获取超越业绩基准的超额收益为目标，由基金经理主动投资管理的基金。这类基金受到基金经理的影响比较大，基金经理的操作会直接影响基金的收益情况，所以这类基金属于高风险基金。

被动型基金指基金以被动跟踪某一市场指数，从而获取市场平均收益为目标的基金，也被称为指数基金。这类基金运作主要在于跟踪指数，所以，受基金经理的影响较小。从长期的角度来看，指数是不断上涨的，所以指数基金适合长期投资的理财者。

（3）按照交易渠道划分

按照基金的交易渠道进行划分，可以将基金分为场内基金和场外基金。场内基金指证券交易所上市交易的基金，目前国内的证券交易所有两个：上海证券交易所和深圳证券交易所。场外基金指在证券交易所之外的市场上交易的基金，例如银行、证券公司、基金公司和第三方销售平台等。

（4）按照基金的运作方式划分

按照基金的运作方式不同对基金进行划分，可以将其分为封闭式基金和开放式基金。封闭式基金指基金份额在基金合同期限内固定不变，即基金募集结束后不再接受投资者申购或者赎回份额，但基金份额可以在证券交易所上市交易的基金。所以，封闭式基金具有基金规模固定、基金份额固定、申购/赎回时间固定的特点。

开放式基金则与封闭式基金相反，它的基金份额不固定，在基金合同约定的时间内，投资者可以随时向基金公司申购/赎回。

（5）按照基金募集方式划分

按照基金募集方式不同对基金进行划分，可以将其分为公募基金和私募基金。公募基金是指采取公开发售的形式，向社会公众募集资金的基金。公募基金的投资门槛通常比较低，10.00 元甚至 1.00 元都可以起投。

私募基金则与公募基金相对，它是采取非公开的形式，向少数特定投资者募集资金的基金。私募基金的投资门槛比较高，通常在 100.00 万元以上。

除了上述介绍的这些基金之外，市场中还有一些比较特殊的基金，它们并不适用于传统的基金分类方法，但是在市场中我们也经常看到，需要对其有一定的了解，具体如表 4-1 所示。

表 4-1　特殊的基金品种

品　　种	内　　容
ETF 基金	ETF 基金，即交易型开放式指数基金，是一种可以在交易所交易、基金份额可变的一种特殊的开放式基金。ETF 基金结合了封闭式基金和开放式基金的特点
QDII 基金	QDII 基金是在一国境内设立，经该国有关部门批准从事境外证券市场的股票、债券等有价证券业务的证券投资基金
分级基金	分级基金也称为结构型基金，是指在一个投资组合下，通过对基金收益或净资产分解，形成两级风险收益表现，有一定差异化基金份额的基金品种。其中，分级基金的基础份额称为母基金份额，预期风险和收益较低的子份额称为 A 类份额；预期风险、收益较高的子份额称为 B 类份额。但按照相关规定，分级基金在 2020 年末已经退出历史舞台

03 明确成本，基金投资中涉及的费用有哪些

通过前面的介绍我们知道，基金投资有专业的基金管理人为我们打理资金，也有专门的基金保管人来保管基金中的资金。投资者需要交纳一定的手续费，用于支付这些管理费用。作为投资者，我们有必要清楚基金投资中涉及的各类费用，因为这些是我们的投资成本，与我们的投资收益直接相关。

基金投资中涉及的费用主要包括两个部分：一是在基金运营过程中产生的费用；二是基金在交易过程中产生的费用。

基金运营过程中产生的费用包括基金管理费、基金托管费及销售服务费，具体如下：

①基金管理费是指基金因为运转需要基金经理进行专业的管理，而这样专业的管理是需要付费的。

②基金托管费是指基金托管机构按照规定，严格管理基金中的资金，所以需要付费。

③销售服务费主要是用来支付销售机构的佣金、基金营销费用、基金份额持有人服务费。

基金交易过程中产生的费用主要包括认购费、申购费、赎回费及转换费四种费用，具体如下：

①认购费指投资者购买还处于发行募集阶段的基金所产生的费用。

②申购费指投资购买当前已经存在的基金所产生的费用。

③赎回费指投资者不想继续持有当前基金，而卖出当前基金所产生的费用。赎回费用的多少与投资者持有基金的时间长短直接相关，通常投资者持有基金的时间越长，赎回基金时的费率越低。

④转换费指投资者不想持有当前基金，但将其转换成基金公司其他基金品种时产生的费用。

投资者在了解了涉及基金投资费用的种类之后，还要了解基金的费用计算方式。每一只基金在招募之初便会在基金说明书、基金合同等文件中明确指出该基金的管理费年费率、托管费年费率、销售服务费年费率、认购费率、申购费率等。每项费用具体的计算方式如下：

（1）基金管理费的计算

基金管理费一般按照前一日基金资产净值计提当日的管理费，管理费计算公式如下：

H＝E× 管理费年费率 ÷ 当年天数

其中：H 为每日应计提的基金管理费用，E 为前一日的基金资产净值。基金管理费每日计算，然后逐日累计，定期支付。

（2）基金托管费用的计算

基金托管费用按照前一日基金资产净值计提当日的托管费，计算公式如下：

H＝E× 托管费年费率 ÷ 当年天数

其中：H 为每日应计提的基金托管费，E 为前一日的基金资产净值。基金托管费也同基金管理费一样每日计算，然后逐日累计，定期支付。

（3）销售服务费计算

基金的销售服务费一般按照前一日基金资产净值计提，计算公式如下：

H＝E× 销售服务费年费率 ÷ 当年天数

其中：H 为每日应计提的基金销售服务费，E 为前一日的基金资产净值。基金销售服务费也是每日计算，然后逐日累计，定期支付。

（4）认购费的计算

认购费通常是在发生认购交易时按笔收取，但是在计算基金认购费时场内认购与场外认购计算方式不同。

①基金场外认购一般采用的是金额认购法，计算公式如下：

净认购金额 ＝ 认购金额 ÷（1＋认购费率）

认购费用 ＝ 认购金额 － 净认购金额

例如，某投资者用 5.00 万元认购某基金，该基金的认购费率为 1.20%，所以计算该投资者的认购费如下：

净认购金额 =50 000.00÷（1+1.20%）=49 407.11（元）

认购费 =50 000.00−49 407.11=592.89（元）

②基金场内认购一般采用份额认购方法，计算公式如下：

净认购金额 = 挂牌价格 × 认购份额

认购费用 = 净认购金额 × 认购费率

例如，某投资者场内认购某基金 30 000 份，挂牌价格为 1.00 元，该基金的认购费率为 1%，那么认购费计算如下：

净认购金额 =1.00×30 000=30 000.00（元）

认购费 =30 000.00×1%=300.00（元）

（5）**申购费的计算**

在基金市场上，除了 C 类基金和货币基金不收取申购费用之外，其他大部分基金在申购时都会收取申购费。申购费的计算分为两种，即内扣法和外扣法。

◆ 内扣法

内扣法的计算公式如下：

申购费用 = 申购金额 × 申购费率

净申购金额 = 申购金额 − 申购费用

申购份额 = 净申购金额 ÷ 当日基金份额净值

◆ 外扣法

外扣法的计算公式如下：

申购费用 = 申购金额 − 净申购金额

净申购金额 = 申购金额 ÷（1+ 申购费率）

申购份额 = 净申购金额 ÷ 当日基金份额净值

例如，某投资者用 50 000.00 元购买某基金，该基金的单位净值为 1.00 元，申购费率为 1.50%，此时分别用内扣法和外扣法计算申购费用如下：

内扣法计算：申购费用 =50 000.00×1.5%=750.00（元）；申购份额 =（50 000.00−750.00）÷1.00=49 250（份）

外扣法计算：净申购金额 =50 000.00÷（1+1.5%）=49 261.08（元）；申购费用 =50 000.00−49 261.08=738.92（元）

（6）赎回费的计算

基金赎回费通常采用份额赎回的方式计算，赎回价格以 T 日的基金份额净值为基准进行计算。赎回费计算公式如下：

赎回总金额 = 赎回份额 ×T 日基金份额净值

赎回费用 = 赎回总金额 × 赎回费率

例如，某投资者赎回持有的某基金 1 000 份，赎回当日的基金净值为 1.50 元，持有的天数为 30 天，对应的基金赎回费率为 0.10%。此时，该投资者的赎回费用计算如下：

赎回的总金额为：1.50×1 000=1 500.00（元）

赎回费用：1 500.00×0.10%=1.50（元）

虽然在实际的投资中并不需要投资者一一计算这些费用，基金购买平台会自动核算好相关的费用，并将投资者的收益自动转入账户中。但是，作为一个投资者我们有必要了解这些费用包括一些什么，又是怎么计算得来的，做一个清醒的投资者。

第 11 课　基金投资必看的交易指南

基金作为一种常见的投资理财工具，有其特有的交易规则，每一位投资者入市买卖基金都需要遵守基金的交易规则，如果不知道交易规则就贸然入市，很可能会错失最佳的买卖机会，进而给理财带来重大的损失。

01 开立基金账户

提及开立基金账户，很多人会心生疑惑，到底什么是基金账户，为什么要开立基金账户？明明我在支付宝一类的平台没有开立基金账户也同样可以买卖操作啊？

实际上，这就是场内基金与场外基金的差异。投资者如果购买场外基金是不用开户的，例如银行、基金公司及第三方基金交易平台等。但是如果投资者想要购买场内基金，即在二级市场购买基金，也就是股票市场的基金，则需要开户。

那么，投资者购买场内基金与场外基金有什么区别呢？具体如下：

投资门槛不同。场外基金的投资门槛较低，一般 10.00 元起投，但场内基金的投资门槛相对较高，以单位"手"进行交易，投资者最少也要买 1 手。

投资的方式不同。场内基金投资不能基金定投，也不能转换基金，但是场外基金可以定投，也可以转换。

交易的价格不同。场内基金在二级市场交易，基金价格与股票价格一样实时变化波动，但场外基金每天只有一个价格。

综上，我们可以看到场内基金与场外基金并不存在优劣势之分，关键在于投资者的个人选择。如果投资者想要在场内购买基金进行交易，则需要开立基金账户。

基金账户实际上是基金交易账户和基金 TA 账户的统称，一般我们所说的基金账户就是指基金 TA 账户。其中，基金交易账户是银行为投资者设立的专门用于在本行进行基金交易的账户，该账户用于记载投资者进行基金交易活动的情况和所持有的基金份额等。每个投资者只能申请一个基金交易账户；基金 TA 账户是投资者持有某基金管理公司基金的账号，主要用来记录投资者基金账户的情况。

开立基金账户非常简单，只要找到开户的证券公司，带上自己的身份资料，就会有专门的基金经理帮助您完成开户。

02 基金的认购与申购

虽然都是买进基金，但是认购与申购却存在很大的不同，在前面的内容中我们简单提到过，认购是在基金尚未成立，还在募集期时购买基金；而申购是在基金成立之后购买基金。但是，除了购买时间不同之外，认购与申购还存在其他差异，下面我们先来分别认识一下基金的认购与申购。

（1）基金认购

基金认购指投资者购买处于募集期的新基金，每份额的单位净值为1.00 元。新基金在募集期结束后会有一个封闭期，封闭期内投资者不能进行赎回和撤销操作。不同的基金其封闭期的时间会有不同，短则 3 个月，长则 36 个月。

投资者要想赎回基金份额，需要等到封闭期结束后才能操作，且封闭期结束后，赎回还需要一定的周期，资金才能到账。

一般情况下认为，认购募集期间的新基金，其费率会比申购老基金更便宜，费率更低，投资者的投资成本也更少。

（2）基金申购

基金申购指投资者购买募集期结束后的基金，不一定是新基金，大部分情况下为老基金，此时投资者买进的基金单位净值也不再是 1.00 元，可能高于 1.00 元，也可能低于 1.00 元，受市场波动的影响而变化。

投资者申购开放式基金，一般来说申购费率为 1.50%。虽然申购的费率通常不变，但是基金赎回的费率却会根据投资者持有基金的时间长短来进行调整，持有基金的时间越长，赎回手续费就越低，甚至有可能全免。

通过上面对基金认购和申购的介绍，我们可以了解到，基金认购和申购主要存在以下一些差异，具体如表 4-2 所示。

表 4-2　基金认购与申购的差异

差　　异	内　　容
购买时间不同	基金认购是在基金募集期进行购买；基金申购则是在基金开放期购买
赎回时间不同	认购的基金份额需要在基金封闭期结束后才能进行赎回操作；申购的基金份额没有基金封闭期，随时可以赎回
是否能撤销	投资者在份额发售期内已经正式受理的认购申请是不可以撤销的；如果投资者在当日基金业务办理时间内提交申购申请，可在当日 15:00 前提交撤销申请，予以撤销
购买的基金单位净值不同	基金认购的基金单位净值为 1.00 元；基金申购的基金单位净值不确定

由此可以看出，虽然认购和申购都是购买基金，但是两者却是截然不同的概念，投资者需要理清两者的区别才能做出合理的投资选择。

03 基金的普通赎回和特殊赎回

基金赎回指投资者向基金管理公司要求部分或全部退出基金的投资，并将赎回款汇至投资者的账户内。也就是说，投资者申请将手中持有的基金份额按照当前公布的价格卖出，并收回资金，就是基金赎回。

对于基金赎回，投资者需要从以下几点来理解赎回的规则：

◆ 基金赎回的单位净值

基金赎回的单位净值与投资者的赎回时间有关，交易日当天的 15:00 是一个时间节点。如果投资者在交易日 15:00 之前提交赎回申请，那么赎回款则以申请日当天的单位净值计算；如果投资者在交易日 15:00 之后提交申请，则以下一个交易日的单位净值计算。

◆ 基金赎回的时间

基金赎回需要系统进行确认，然后才能进行清算，所以，一般基金赎回都需要两个工作日左右的时间。但是，不同的基金种类，不同的基金销售渠道，需要的时间可能会存在一些差异。以天天基金交易平台的基金赎回时间为例：货币基金为 1 ～ 2 个工作日；债券基金为 2 ～ 4 个工作日；混合型基金、股票型基金为 2 ～ 4 个工作日；QDII 基金为 4 ～ 13 个工作日（具体以产品为准）。

◆ 基金持有的天数计算

我们知道基金赎回费率的高低与持有的时间长短有关，所以，投资者有必要知道基金持有的天数是怎么计算的。具体的计算方法如下：

①投资者认购基金，那么基金成立日是持有基金的第一天。

②投资者申购基金，那么交易确认日是持有基金的第一天。

③投资者赎回基金，交易确认日的前一个自然日是持有期的最后一天。

◆ 分批买进然后分批赎回

投资者在申购基金时，很多时候并不是在同一个位置一次性投入全部资金，然后全部赎回，而是根据行情的走向分批买进，然后分批赎回。此时，投资者赎回基金时是赎回前面购入的基金份额，还是后面购入的基金份额呢？因为基金持有的期限越长，赎回的费率越低，所以，赎回前期的份额比较划算。那实际上是不是这样呢？

基金赎回时遵循"先进先出"原则，也就是说，当投资者多次购买同一只基金，在卖出时，会按照购买的时间顺序，自动优先赎回先买入的份额。

在明白了基金赎回的内容之后，我们还需要了解基金赎回的一些特殊情况，即基金巨额赎回、连续赎回和强制赎回，具体如下：

（1）巨额赎回

巨额赎回指在单个开放日，基金赎回申请超过基金总份额的 10% 时，称为巨额赎回。如果出现巨额赎回，基金管理人可以选择两种方式进行处理：①全额赎回：当基金管理人认为有能力兑付投资者的赎回申请时，按正常赎回程序执行。②部分延期赎回：基金管理人将在不低于上一日基金总份额 10% 的前提下，对其余赎回申请延期办理。

（2）连续赎回

连续赎回是指在发生巨额赎回时，投资者对于延期办理的赎回申请部分，选择依次在下一个基金开放日进行赎回。连续赎回是相对于大资金而言，因为发生巨额赎回时，当日赎回只能赎回其中一部分，若选择连续赎回，其余部分自动在下一个基金开放日赎回；选择非连续赎回，其余部分不再自动赎回。

（3）强制赎回

强制赎回指未经投资者提出赎回申请，而由基金管理人或基金注册登记人根据既定业务规则对投资者持有的基金份额强制进行赎回处理。强制赎回主要包括以下两种情况：①投资者赎回时，如某笔赎回导致其在代销机构交易账户的基金单位余额少于最低持有份额（基金公司销售协议会说明）时，余额部分必须一同赎回；②如果投资人因其他原因（转托管、非交易过户等），使其在代销机构的账户余额低于最低持有份额时，允许其赎回份额低于最低持有份额，但也必须一次性全部赎回。

第 12 课　选择一只优质基金是投资关键

基金投资的关键在于选择一只优质的基金。优质的基金往往业绩表现优异，能够为投资者实现投资理财获利的目的。而劣质的基金会使投资者损失惨重，给投资者带来重大的经济损失。

01 通过基金历史业绩选择基金

虽然说基金的历史业绩情况并不能够代表该基金未来的业绩表现，但是，如果一只基金能够在多年的历史业绩中保持稳定、优秀的业绩输出，那么说明该基金将来的胜率也比较大。因此，从这一角度来看，我们可以从历史业绩的表现情况来选择基金。

而查看基金的历史业绩情况可以从三个方面入手，具体如下：

（1）看基金的历史收益水平

基金的历史收益水平指理财者需要查看的该基金各个阶段的涨幅情况，包括近期表现、短期表现、中期表现及长期表现。以和讯基金网为例，为投资者呈现的基金涨幅情况包括近 1 周、近 1 个月、近 1 年及近 2 年等期间，图 4-2 所示为某基金的阶段涨幅情况。

阶段涨幅

名称	近1周	近1月	近3月	近6月	近1年	近2年	近3年	今年来
上证综指	0.91%	-6.97%	-7.55%	-9.21%	-7.27%	0.33%	11.83%	-9.53%
沪深300	4.79%	-2.01%	-2.82%	-9.04%	5.75%	35.21%	54.16%	-4.46%
和讯基指	-0.72%	0.59%	1.98%	1.48%	12.69%	30.21%	61.83%	1.48%
上证基指	2.59%	1.47%	4.12%	1.00%	4.21%	25.63%	33.70%	1.47%
同类排名	2257|5221	294|5221	692|5221	404|5221	191|5221	172|5221	117|5221	492|5221
四分位排名	良好	优秀	优秀	优秀	优秀	优秀	优秀	优秀

图 4-2　某基金的阶段涨幅情况

在查看时要注意掌握方法，具体如下：

①注意查看同类排名。不同类型的基金投资标的存在不同，收益自然差异较大，所以这样比较毫无意义。我们需要查看同类基金中的排名情况，如果同类基金普遍表现优异，但该基金表现不佳，甚至挂尾，说明该基金不是优质基金。

②注意与大盘指数进行比较。基金的业绩表现水平受到市场周期性波动的影响较大，所以，在查看基金的历史业绩时，还要查看基金收益率与同期市场的表现。

③查看时将重心放在中长期业绩表现，而非短期业绩表现。因为基金的短期业绩表现容易出现偶然性，但是这种偶然性在长时间的业绩表现中是不可持续的，所以，在查看时以中长期业绩表现为主，能够得到更真实的基金表现情况。

（2）查看基金的抗风险性

几乎所有的投资者都喜欢稳定表现的基金，而非大涨大跌的基金，因为基金过度波动容易让投资者陷入焦虑，进而导致投资者的损失。基金的稳定性则是基金抗风险性的体现。

查看基金抗风险性高低最直接的方式就是查看最大回撤指标和夏普比率。在最大回撤指标指历史数据中，投资者手中持有该基金的过程中，可能遭受的最大损失，最大回撤率越低，则说明基金的抗风险性越强；夏普比率是目标基金收益表现与风险表现的比值，夏普比率越高，说明基金的性价比越高，相同风险水平下平均收益更高。

（3）查看基金的累计净值

基金的累计净值是历史业绩的直观反映，同时期发行的基金，其累计净值越高，说明业绩表现能力越强。如果经过长时间的发展，基金净值仍然比较低，且低于同时期的同类基金，则说明该基金的业绩表现不佳。

查看基金的历史业绩在投资者筛选基金之初非常重要，但是投资者要明白历史业绩并不代表未来业绩，不可直接以历史业绩情况来估算自己的收益情况。我们需要在历史业绩的基础上，对该基金未来的发展潜力做出正确的、科学的评估。

02 通过基金评级选择基金

基金评级与债券评级有点儿相似，它是由基金评级机构收集相关信息，然后通过科学的定性定量分析，再依照一定的标准，对投资者投资某一种基金后所需要承担的风险，以及能够获得的回报进行预期，并根据收益和风险的预期对基金进行排序。

市面上的基金评级机构有很多，例如美国晨星评级、标准普尔评级、国内的济安评级、天相评级、中信证券评级等，它们的使用方法都大同小异的，这里以晨星评级为例进行介绍。

晨星基金以晨星等级来评估基金业绩，星级越高，说明该基金的业绩表现越好；星级越低，说明该基金的业绩表现越差。具体的星级意义如下：

- ◆ 五星级指收益排在前 10% 的基金。
- ◆ 四星级指收益排在前 10% ～ 32.5% 的基金。
- ◆ 三星级指收益排在前 32.5% ～ 67.5% 的基金。
- ◆ 二星级指收益排在前 67.5% ～ 90% 的基金。
- ◆ 一星级指收益排在最后 10% 的基金。

晨星基金对基金的评估标准为：基金成立时间（年）长短期绩效占综合评级比重，具体如下：

①三年以上、未满五年，过去三年绩效占 100%。

②五年以上、未满十年，过去五年绩效占 60%，过去三年绩效占 40%。

③十年以上，过去十年绩效占 50%，过去五年绩效占 30%，过去三年绩效占 20%。

基金评级简单易懂，能够在投资者选择基金而茫然无措时起到缩小基金挑选范围的作用，使投资者能够更快锁定优质基金。但是，利用基金评级选择基金时也要注意以下几个问题：

①我们知道市面上的评级机构有很多，不同评级机构有自己的评估标准且侧重点不同，所以就会使得同一只基金在不同的评级机构中有不同的评级结果。因此，投资者在查看基金评级时可以多查看几家评级机构，进行综合考量。

②基金评级是以该基金过去的历史业绩为基准进行评估的，所以反映的是该基金过去的业绩表现，因而不能保证未来的业绩发展，只能作为一个筛选基金的条件。

③基金评级只能在同类基金中做比较，不同类型的基金，不能仅以星级来比较。例如一只五星级货币基金和一只四星级的股票基金，两者就没有比较的价值。

03 通过基金年报选择基金

基金年报，即基金年度报告，它是反映基金全年运作及业绩情况的报告。年报中的内容非常丰富，通过阅读基金年报，理财者可以了解基金经营业绩、基金份额变动及年度末基金财务状况等，帮助理财者找到业绩良好、品质优良的基金。

虽然阅读基金年报有这么多的好处，但实际上却很少有投资者真正仔细地阅读基金年报，因为基金年报的内容较多，通常有六七十页，且读起来比较枯燥，所以让人望而却步。

其实，这一类投资者是没有掌握到快速阅读基金年报的方法。投资者拿到一份基金年报时应该重点查看以下四个方面的信息，获取关键内容，即可轻松掌握年报信息，进而理性地选择基金。

（1）业绩比较基准

投资者在查看基金的基金净值增长率时，通常需要将其与业绩比较基准进行比较。这个"业绩比较基准"是基金公司在基金成立之初给自己设定的投资目标。通过比较基金净值增长率与业绩比较基准，可以检验出基金经理的实际操作效果，了解基金业绩波动幅度的大小。如果该基金在过去的各个阶段都能超越其业绩比较基准，则说明该基金的业绩表现得非常不错，该基金经理完成业绩目标。

（2）看主要财务指标

主要的财务指标包括：基金的收益、净收益、资产总值、净值、净值增长率等数据。在基金年报中，除了会列示本年度的财务指标，通常还会列示前两个会计年度的财务指标，以进行比较。

投资者需要纵向比较主要的财务指标，判断该基金业绩增长的持续性和稳定性。再与其他同类基金的同一财务指标横向比较，判断该基金在同类基金中的排名情况。这样更能够找出同类基金中真正稳定、优质的好基金。

（3）看基金经理报告

基金经理直接负责基金的投资操作，对基金的收益情况有着举足轻重的影响，尤其是股票型基金这一类主动型的基金，更依赖于基金经理的经验和表现。

在基金经理报告中会详细地讨论行业分布和个股选择的原因，并解释影响基金业绩的有利条件和不利阻碍。通过对这部分内容的阅读，投资者可以快速了解基金经理的投资理念和投资决策，进而做出适合的选择。

（4）后市行情展望

投资者选择投资基金，还是看中其后市发展的潜力，而在基金年报的后市行情展望部分，基金经理会对宏观经济、证券市场及各行业走势做出展望。投资者通过这些内容可以了解基金经理对后市经济和股市发展的基本判断，了解基金经理的投资思路。

通过对上述内容的阅读，投资者能简略地了解基金年报的信息，也能够对基金的质量做出大致的判断，进而筛选出符合自己期望的基金。

第 13 课　根据基金特性做投资

在前面的基金类型介绍中，我们知道不同的基金其投资标的不同，可以分为不同的基金类型。正是因为基金的投资标的不同，使得这些基金有了不同的特性，在投资时理财者可以充分利用这些特性来做出合理的投资决策。

01 货币基金，闲置小额资金的好归宿

在我们的日常生活中，通常除去每月的正常开支之后，总会剩下部分小额闲置资金。这笔钱数额不高，直接去做理财，投资门槛较高的不适合；进入活期账户中收益又低；放入固定收益类理财产品中，如果生活中遇到急事用钱也不方便。

对于这一部分资金的管理，其实我们可以考虑用其购买货币基金。货

币基金是专门投向风险小的货币市场工具，所以，货币基金具有安全性强、流动性强和稳定性强的特点，具体如下：

①安全性强，因为货币基金的投资对象为货币市场，这一投资品种决定了货币基金的安全性。虽然货币基金不会直接向投资者保证本金的安全，但是在实际投资中，货币基金极少发生本金亏损的情况。

②流动性强，货币基金买卖交易非常方便，资金到账时间短，一般基金赎时一两个工作日就可以到账，甚至部分货币基金还能当日到账。

③稳定性强，货币基金按天计算收益，每天累计收益，这样一来，即便有突发事件需要应急赎回，也不会像定期存款提前取出损失利息收入。每日实现的基金净收益还能自动再投资，且收益免税。

综上所述可以看到，货币基金是闲置的小额资金的好去处，既能获得投资收益，也能灵活取现，非常便捷。

如今，市面上的货币基金种类非常多，尤其是某宝类产品的出现，使货币基金投资更加方便，下面以支付宝的余额宝货币基金为例进行介绍。

理财实例

余额宝货币基金投资操作

余额宝是蚂蚁金服旗下的余额增值服务和活期资金管理服务产品。余额宝实际上对接多只货币基金，投资者将资金存入余额宝，就如同购买了货币基金，除了能够享受货币基金每天的收益回报之外，还可以直接用于购物、转账、缴费及还款等一系列消费支付。

余额宝操作非常简单，用户打开支付宝软件进入首页，在下方选择"我的"选项，进入用户中心页面。在页面中选择"余额宝"选项，如图 4-3 所示。

图 4-3　选择"余额宝"选项

　　进入余额宝页面，在页面中点击"转入"按钮，进入转入余额宝页面，在该页面中输入转入金额，选择银行卡，点击"确认转入"按钮，如图 4-4 所示，最后输入支付密码即可完成。

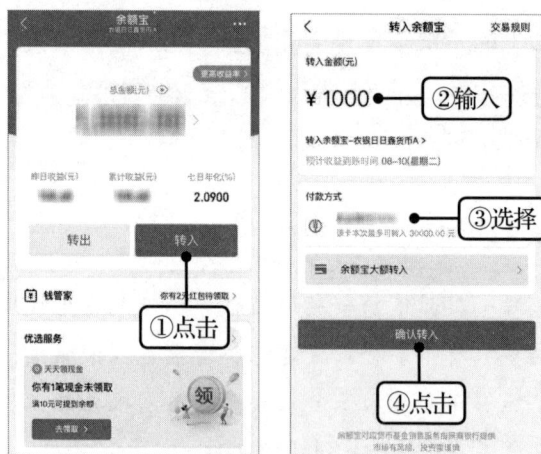

图 4-4　将资金转入余额宝

　　余额宝转出也非常简单，在余额宝页面点击"转出"按钮，进入转出页面。在页面选择银行卡，并输入转出金额，选择转出方式，点击"确认转出"按钮，如图 4-5 所示，最后输入支付密码即可完成。

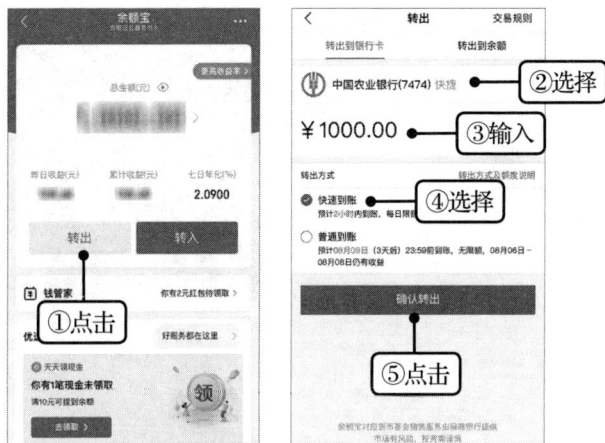

图 4-5　将资金转出余额宝

　　余额宝货币基金投资除了买进卖出之外，有时还会涉及基金转换，因为余额宝对接多只货币基金，投资者可以根据各基金的表现情况选择收益更高的货币基金。余额宝中转换基金操作非常简单，在余额宝页面，点击余额宝的全额，进入我的余额宝页面，在页面中选择"基金详情"选项，如图 4-6 所示。

图 4-6　选择"基金详情"选项

　　在基金详情页面，点击右上角的"…"按钮，在下方展开的菜单列表中选择"切换基金"选项，如图 4-7 所示。

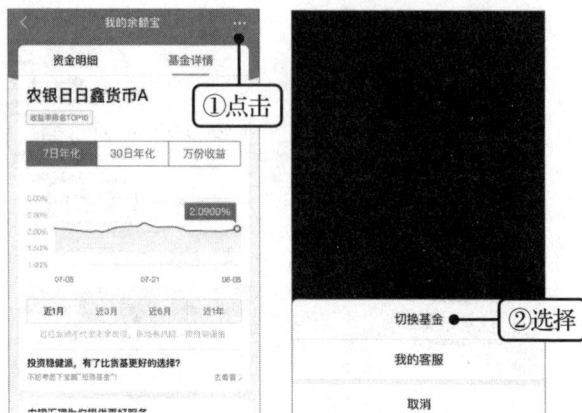

图 4-7　选择"切换基金"选项

进入更换产品页面，按照页面提示选择更换的新货币基金产品，然后点击"确认更换"按钮，如图 4-8 所示。最后，输入支付密码即可完成货币基金转换。

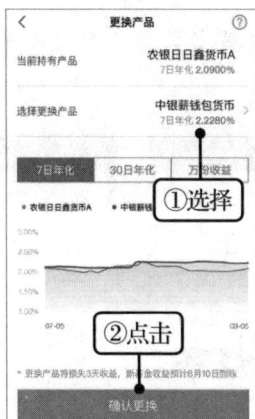

图 4-8　转换基金

☼ ⑫ 想要稳健收益考虑债券型基金

在基金投资市场上，债券型基金无疑是众多基金类型中较为稳定的一种，因此也成为很多青睐稳健收益的投资者的第一选择。债券型基金的主要投资对象为债券，例如国债、企业债、金融债等，所以，债券型基金的收益比较稳定， 而且风险较低。

此外,债券型基金的投资成本更低,一般股票型基金的申购费率在1.50%左右，但债券型基金的申购费率大都在1%以下，有的甚至是0的申购费率，这样就能为投资者节省不少的投资成本。

债券型基金投资的第一步，投资者首先要认识债券型基金。债券型基金是一个统称，目前市场上的债券型基金大致可以分为三类，具体如下：

（1）纯债基金

纯债基金指只投资于债券市场的，不投资于股票市场的，风险最低的债券型基金。纯债基金根据投资债券期限的长短还可以进一步划分，即短期纯债基金和长期纯债基金。

①短期纯债基金主要是指以投资短期债券为主的基金，这类基金因为期限较短，所以债券票面利率较低，基金收益率较低，风险也比较低。通常投资期限在几个月左右。

②长期纯债基金主要是指以投资长期债券为主的基金，这类基金因为期限较长，所以债券票面利率较高，基金收益率更高，整体比较稳定，但相比短期纯债基金来说，风险更高。一般投资期限在一年及以上。

（2）二级债基

二级债基指基金中80%的资金用于投资债券，20%的资金投资股票的基金。因为基金中有20%的资金投资于收益更高、风险更高的股票市场，所以，二级债基的投资风险和收益率明显高于纯债基金。

（3）可转债基金

可转债基金指主要投资于可转债的基金。在前一章债券投资的内容中我们介绍过，可转债是债券中比较特殊的一类，它可以在一定的条件下将债券转换成股票，具有转股性，其价格波动变化与股市密切相关。所以投资可转债的债券基金是所有债券型基金中风险最高的。

因此，投资者在做债券型基金投资时应该按照实际的需求进行选择，三类债券基金的收益率排行为：可转债基金＞二级债基＞纯债基金；三类债券基金的安全性排行为：纯债基金＞二级债基＞可转债基金。

最后，很多投资者对债券型基金投资存在几个误区，这些错误的认识常常会让自己的投资陷入困境之中，具体如下：

◆ 债券型基金风险低，收益稳定，所以是保本型基金

债券型基金不是保本基金，它的风险主要包括两个部分：一是债券的违约风险；二是债券的价格浮动风险。债券的违约风险发生的概率较低，除非公司破产等，所以，债券型基金的风险主要是债券的价格浮动风险，这是由于债券价格的短期波动造成的，只要耐心持有，就会涨回来。但是，如果投资者投资的是短期债券基金，那么就有可能出现亏损的情况。

所以，债券型基金不是保本基金，它也可能发生亏损，只是相比其他基金，债券型基金更加稳定、波动更小。

◆ 债券型基金的收益低于股票型基金

实际上不一定，从风险投资的角度来看，确实股票型基金的投资对象为股票市场，机会更多，收益率更高。但是，事实上债券型基金走势更加稳健，整体看起来是一条向上攀升的曲线，而股票型基金则随着市场波动而大起大落，收益非常不稳定，所以，有可能债券型基金的收益率高于股票型基金。

◆ 债券基金适合做定投

定投指定期，定额投资某一基金。通过前面的介绍，我们知道债券型基金非常稳定，整体收益走势上升，最好的投资方法就是长期持有。如果

此时投资者采用定投的方式进行投资，将投资成本逐步摊高，不仅不利于投资，还会影响债券型基金的投资收益。

定投这一种投资策略更适合价格整体波动变化更大的基金品种，因为波动变化大，投资者难以找到最好的买进位置，所以可以采用定投的方式，摊低买进成本，一旦价格回升就能得到不错的投资回报。

03 高回报、高收益还是要股票型基金

提及高回报、高收益的投资，大部分人首先想到的就是炒股投资，事实上确实如此，股票价格风云变幻，一朝上涨便可坐收高额回报。但事实上，很多缺乏股市投资经验的投资者，甚至一些新手小白，茫然入市，不仅不会赚取回报，还可能使自己遭受重大的经济损失。那这一部分投资者是不是就必须放弃股市投资这种高回报、高收益的投资方式呢？

当然不是，此时可以选择股票型基金投资，同样能享受股市投资的高回报、高收益，而且风险更低。股票型基金是指基金中的大部分资金投资于股票的基金，也就是说，一只股票型基金可能投资几十只，甚至是上百只股票，具有组合投资、分散风险的特点。所以，相比于直接投资股票，股票基金风险更低。

因为股票型基金的投资对象是股票，所以在所有的基金类型中，股票型基金也是投资风险最大的一种。但是，很多投资者不知道的是，投资风险实际上与自己的投资策略有关，如果自己在投资时能够掌握一定的方法就能在很大程度上降低自己的投资风险。这里介绍几种实用的股票型基金投资技巧，具体如下：

（1）波段操作

我们在介绍债券型基金时说过，债券型基金最好的操作方法为长期持

有，这是因为债券型基金稳定，其走势整体向上。但是股票型基金则不同，股票型基金的净值受大盘行情影响较大，波动变化大，一味地持有未必是一种好的投资方法。

此时，我们可以改变投资策略做波段投资，在基金净值大幅下跌后的相对低位买进，一旦止跌回升便可获利，当净值回升到前期高位时，注意观望，准备实时离场。

（2）分批买进

前面我们提到过，股票型基金净值变化大、波动大，投资者往往难以找到最佳买进点，甚至一不小心就行差踏错，买在高位。此时，我们可以采取分批买进的方法进行建仓，例如，在对市场行情和趋势把握不太准确的情况下可以先买进部分基金，然后择机逢低逐步加仓，小跌小加，大跌大加。

这样的建仓方式，可以均衡买进成本，避免因为市场大幅度波动，而给自己带来巨大的损失。

（3）设置止盈止损点

很多人投资失利，究其原因不过一个"贪"字，在上涨时总想要涨到更高位置，但不曾想行情突变，急转直下，投资者也转盈为亏，损失惨重。所以，在投资买进之前，投资者就需要根据自己的风险承受能力和预期投资目标，设置合理的止盈、止损点。

如果行情上涨达到止盈点，就应立即落袋为安，择机再投。即便判断当前的行情非常好，后市还可能继续上涨，也要在此位置了结大部分持仓，锁定收益，避免遭受损失。

如果行情下跌达到止损点，则应及时止损，重新审视自己选择的基金质量，再做投资。

第 5 章

技能提升就试试股市淘金

投资者对理财有一定认识且具备相关投资经验之后，就可以尝试股市投资。股票投资是风险投资，也是能够快速获得高额投资回报的一种投资方式，为了降低股市投资的风险，我们必须掌握相关的投资技巧。

第 14 课　夯实基础再投资更轻松

千里之行，始于足下。炒股投资也是如此。如果不知道股票投资的基础知识就贸然入市，无异于盲人摸象，很可能在实际的炒股投资中落入各种各样的陷阱中。

01 炒股前先知道股票的基础知识

炒股之前投资者要明白两个概念，股票及股票投资。股票是股份公司发给股东证明其所入股份的一种有价证券，它是一种永不偿还的有价证券，所以，股份公司不会对股票的持有者偿还本金。投资者购入股票后，无权向股份公司要求退股，只能通过转让买卖来收回资金，也就是股票投资，通过低买高卖股票来获得投资收益。

股票的种类有很多，根据不同的划分方式，可以分为不同的类型，具体如下：

（1）根据公司上市的地区划分

根据公司上市的地区进行划分，可以将股票分为多种类型，包括 A 股、B 股、S 股和 N 股等。A 股指那些在中国大陆注册、在中国大陆上市的普通股票，以人民币认购和交易；B 股指那些在中国大陆注册、在中国大陆上市的特种股票，以人民币标明面值，用外币认购和交易；S 股是指那些主要生产或者经营等核心业务在中国大陆、而企业的注册地在新加坡或者其他国家和地区，但是在新加坡交易所上市挂牌的企业股票；N 股指在中国大陆注册、在纽约上市的外资股。

（2）根据股东权利划分

根据股东权利划分，可以分为普通股、优先股和后配股。普通股指在公司的经营管理、盈利及财产的分配上享有普通权利的股份，代表满足所有债权偿付要求及优先股东的收益权与求偿权要求后，对企业盈利和剩余财产的索取权，是股票的一种基本形式，也是发行量最大、最为重要的股票。

优先股指在利润分红及剩余财产分配的权利方面，优先于普通股的股票；后配股是在利益或利息分红及剩余财产分配时比普通股处于劣势的股票，需要在普通股分配之后，对剩余利益进行再分配。

（3）根据业绩划分

根据业绩情况进行划分，可以分为 ST 股、垃圾股、绩优股和蓝筹股。ST 股指境内上市公司连续两年亏损，被进行特别处理的股票；垃圾股指经营亏损或违规的公司股票；绩优股指公司经营很好，业绩很好，每股收益 0.50 元以上的股票；蓝筹股指在股票市场上，那些在其所属行业内占有重要支配性地位、业绩优良、成交活跃、红利优厚的大公司股票。

除了了解常见的股票种类之外，投资者还要知道股票投资中投资者的基本权利。投资者投资上市公司股票可依法享有公司经营决策投票权，经营利润分享权，公司经营重大事项知情权等权利。也就是说，投资者投资该上市公司的股票，就是公司的股东，即享受股东的相关权益。

⑫ 股市交易的基本法则

炒股投资讲究"时机"，抓住时机就是抓住投资的机会，但是股市交易买入卖出的规则比较复杂，如果投资者，尤其是一些新手投资者入市之后不了解基本的交易规则，很可能会错失买进卖出的绝佳时。

股市交易的规则比较多，内容也比较杂，为了方便投资者理解，我们可以将其总结为四点，具体如下：

（1）交易的时间

股市交易的时间包括两个方面：一是股市每周的交易日，即每周一到周五，共五天，周末和法定节假日休市；二是每个交易日的交易时间段，即上午 9:30 ～ 11:30，下午 1:00 ～ 3:00，共计四个小时。另外，A 股的交易时间段分为集合竞价和连续竞价两种。

集合竞价指对一段时间内接收的买卖申报一次性集中撮合的竞价方式。连续竞价指对申报的每一笔买卖委托，由电脑交易系统按照以下两种情况产生成交价：①最高买进申报与最低卖出申报相同，则该价格即为成交价格；②买入申报高于卖出申报时，申报在先的价格即为成交价格。

集合竞价和连续竞价的时段如下：

◆ **开盘集合竞价**：上午 9:15 ～上午 9:25。
◆ **前市连续竞价**：上午 9:30 ～上午 11:30。
◆ **后市连续竞价**：下午 1:00 ～下午 2:57。
◆ **收盘集合竞价**：下午 2:57 ～下午 3:00。

此外，需要注意的是，在上午 9:20 ～上午 9:25（开盘集合竞价的后半部分）和下午 2:57 ～下午 3:00（收盘集合竞价）这两个时间段内是不能撤单的，交易委托一旦下单成功，就必须等待交易完成。

（2）交易单位

股票的交易单位为手，一手为 100 股。投资者股票交易的数量最少为 1 手，也就是说，投资者只能以 100 股的整数倍进行交易。如果投资者委托交易时以非 100 股整数倍进行委托，就会委托失败。

但股市中有一种特殊情况叫"零股交易"，其中零股指的是不到一个成交单位的股票，即不足 1 手的股票数量。投资者在卖出股票时可以做零股委托，但是在买进时不能买入零股，只能以手为单位进行买进操作。

（3）涨跌幅限制

涨跌幅限制是指证券交易所为了抑制过度投机行为，防止市场出现过度的暴涨暴跌，而在每天的交易中规定当日的证券交易价格在前一个交易日收盘价的基础上上下波动的幅度。

股票价格上升到该限制幅度的最高限价为涨停板，而下跌至该限制幅度的最低限度为跌停板。根据规定，超过涨跌限制的委托为无效委托，当日不能成交。

也就是说，股票单日内的涨幅和跌幅都是有顶点和底点限制的，股票价格不会无限制地上涨或下跌。但是，不同的股票涨跌幅限制不同，深交所、上交所对上市的股票、基金的交易实行涨跌幅限制在 10% 以内；深交所、上交所对挂牌上市特别处理的股票（ST 股票）实行涨跌幅度限制为 5%；对 PT（特别转让）处理的股票实行涨幅 5% 限制，跌幅不受限制规定。

上市股票涨跌停价格计算公式如下：

昨日收盘价 +（昨日收盘价 ×10%）= 今日涨停价

昨日收盘价 -（昨日收盘价 ×10%）= 今日跌停价

所以，如果某股票昨日收盘价为 10.00 元 / 股，那么该股今日的涨停价为 11.00 元，跌停价格为 9.00 元。

但是，股市当中还有几种股价不受到涨跌限制的情况，具体如下：

①新股上市首日，价格不得高于发行价格的 144% 且不得低于发行价格的 64%。

②股票（S 开头，但不是 ST）完成股改，复牌首日。

③增发股票上市当天。

④股改后的股票，达不到预计指标，追送股票上市当天。

⑤某些重大资产重组股票，比如合并之类的复牌当天。

⑥退市股票恢复上市日。

（4）结算制度

A 股实行 T+1 结算制度，即当日买进的股票，要到下一个交易日才能卖出。其中，"T"指交易登记日，"T+1"指登记日的次日。简单来说，就是投资者在 T 日买进的股票只是完成了交易买进登记，并未真正转入买方账户中，要等到 T+1 日才能完成过户。所以，投资者如果在 T 日买进股票，是不能够在当天立即卖出的。

03 炒股行话不得不知

股市与其他行业一样也有着一系列行话，想要游刃有余地在股市中投资淘金，就要了解基本的行话，它也是股市投资的入门技能，懂得这些基本行话可以在炒股圈内实现无障碍沟通，更能快速抓住买卖时机。常用的股市术语如表 5-1 所示。

表 5-1　常用股市术语

术　　语	说　　明
多头 / 空头	股市中，通常将持有股票的投资者称为多头，而将暂不持有股票的投资者称为空头。因此，很多时候又将买进股票的人称为做多，而将卖出股票的人称为做空
牛市 / 熊市	牛市和熊市指的是市场行情，牛市指市场上的买入者多于卖出者，所以股市呈现上涨行情；熊市指市场上的卖出者多于买入者，股市呈现下跌行情
利多 / 利空	利多是指刺激股价上涨的信息，例如上市公司业绩好转；利空是指能够促使股价下跌的信息，例如上市公司业绩恶化
多翻空 / 空翻多	多翻空指多头觉得股价已涨到顶峰，于是尽快卖出所买进的股票而成为空头，就是多翻空；反之，当空头觉得股市下跌趋势已尽，于是赶紧买进股票而成为多头，就是"空翻多"

续表

术　语	说　明
多头 / 空头市场	人们通常把股价长期保持上涨走势的股票市场称为多头市场，把股价长期保持下跌走势的股票市场称为空头市场
套牢 / 踏空	买入股票的价格高于现在的行情，使股民难以卖出股票而保本称为套牢；投资者在股市的低点未及时买进股票而错过赚钱的机会称为踏空
反弹	股价呈不断下跌趋势，终因股价下跌速度过快而反转回升到某一价位的调整现象称为反弹
盘整	股价经过一段上涨或下跌后，遭遇阻力或支撑而止涨或止跌，并呈小幅涨跌变动，做换手管理，股价做窄幅波动
横盘	指股价走势中经常出现的股价徘徊缓滞走势，在一定时期内既不涨上去，也不跌下来
回档	股价上升过程中，因上涨过速而暂时回跌的现象
护盘	庄家大量买入抛售的股票，稳定股价，使其不再继续下跌
开盘价	每个交易日开市后的第一笔每股买卖成交价格
收盘价	当日最后一笔交易前一分钟所有交易的成交量加权平均价（含最后一笔交易）
最高价	当天成交的价格中最高的成交价格
最低价	当天成交的价格中最低的成交价格
开高盘	开盘价比前一天收盘价高出许多
开低盘	开盘价比前一天收盘价低出许多
长多 / 长空	长多指对股价远期看好，认为股价会长期不断上涨，所以买进股票长期持有，等股价大幅上涨后再卖出；长空指对股价前景看跌，卖出股票，很长一段时间不再买进
割肉	在高位买进某股票后，股价大跌，为了避免出现更大的亏损，低价赔本卖出
止损	当账面亏损达到一定程度时，投资者应及时卖出，避免更大亏损
杀跌	在股市下跌的时候，不管股票的买入价格是多少，都立刻卖出，避免更大的损失

续表

术　语	说　明
追高	股票越涨越买
筹码	投资者手中持有的股票数量
满仓	投资者将资金全部买进股票，手中全是股票
空仓	投资者手中全是资金，没有股票
建仓	开始买入看好的股票
补仓	在已经持有某股的基础上再多买一些，或者是把卖掉的股票再买回来
轻仓	指资金和股票相比，资金份额较多，股票份额较少，股票资金占总资金的 1/3 以下
吃货	庄家在低价时暗中买进股票
出货	庄家在高价时，不动声色地卖出股票

第 15 课　根据基本面选股

想要在股市获利，精选优质股是第一步，但市场中的股票数量多，如何来选呢？此时我们可以从基本面的角度进行筛选。所谓基本面，就是利用市场中的各类消息进行筛选，从中选择出有潜力的优质股。

注意：市场中的消息涉及方方面面的内容，例如宏观经济、行业背景、国家政策及企业经营能力等，且有真有假，所以，在筛选时需要仔细甄别。下面我们介绍几种利用基本面来选择股票的方法。

01 选择市场中的题材股

股市投资经常会看到"题材股多点开花"或者是"题材股集体退潮"这一类有关题材股的说法，那么题材股究竟是什么呢？

题材股指有炒作题材的股票，具体是指由于一些突发事件、重大事件或特有现象而使得部分个股具有一些共同的特征，这些题材可供炒作者借题发挥，从而引起市场上投资者的跟风。例如资产重组板块、WTO 板块、西部概念等。

也就是说，题材股为市场中容易引发热点、聚集市场人气、吸引市场资金的股票。如果投资者选到这一类股票，则场内获利空间大，且市场中的跟风盘较多，买入之后也不容易被套牢。

想要购入题材股，首先就需要知道题材股具有的特征，具体如下：

①题材股往往期初给人的印象是抽象的、朦胧的，吸引大量股民的关注，一旦完全看清了，说明这类题材股也进入了尾声阶段。

②题材股往往会给人巨大的想象空间，让人对后市的发展充满希望。

③题材股的时效性比较强，持续性较弱，是一个阶段发生的。

④题材股具有反复性，市场中的一些题材股会反复出现。

知道了题材股之后，还要懂得如何从众多的股票中找到题材股。实际上，我们从题材股的概念上可以看到，题材股是由一些突发事件、重大事件或特有现象而形成的具有共同特点的股票，其中的关键在于突发事件、重大事件或特有现象。所以，投资者只要能够找到这一类消息就能快速找到市场中的题材股。

市场中的消息主要包括四类：政策面题材、行业面题材、公司面题材及个人面题材。

◆ 政策面题材指国家出台的能够引起行业性、社会性变革的事件。这样的热点题材本身社会关注度较高，人气较旺，容易引起跟风。对于这一类的热点题材，投资者需要具备较强的政策解读能力，才能准确把握住热点题材的操盘机会。

◆ 行业面题材指能够引起整个行业发生变革的事件，这样的热点会对整个行业及联动行业产生影响。

◆ 公司面题材指上市公司的利好消息直接影响该公司的股价，例如苹果公司股价创新高，对其相关的苹果概念股上市公司直接利好。

◆ 个人面题材指一些知名企业家对社会的影响力比较大，他们的一些动态会引起市场的积极反应。

另外，我们还要想办法寻找这些热点题材，才能进一步对其进行分析解读。这里介绍三个识别热点题材的方法。

（1）新闻法

新闻法就是指多关注国家重要政策或重要事件的新闻报道。需要注意的是，多媒体时代每天都有很多新闻发生，投资者需要懂得如何从中筛选有价值的、有影响力的新闻。获取新闻信息之后，还要对其进行充分的解读，了解其利好的板块，且要弄清楚与之相关的个股有哪些。

（2）资金流向

市场中的资金往往追着热点跑，尤其是在最开始的时候，所以想要知道市场中的热点题材有哪些，可以查看市场中的资金流向。投资者可以对当前的流入资金按标的进行排序，将整个市场的标的按照总的交易量进行排序，再进一步查看排名在前的各个标的分别所属哪些行业，哪个行业中的标的更多，则说明该行业最有可能成为市场中的热点题材。

（3）政策规划

国家在不同阶段有不同的经济规划，重点了解并仔细解读这些经济规划能够帮助我们找寻到市场中的热点题材，例如十四五规划等。

下面介绍当前及未来比较有可能成为热点的题材，如表5-2所示。

表 5-2 热点题材

热点题材	说 明
去产能题材	去产能是供给侧结构性改革的五大重点任务之一，也是煤炭行业实现脱困发展的重大举措。去产能题材主要指钢铁煤炭，相关的个股有宝钢股份、中国神华等
棚户区题材	棚户区改造是一项重大民生工程，也是发展工程。对改善住房困难群众居住条件、补上发展短板、扩大有效需求等发挥了重要作用。棚户区题材相关的个股有中天城投、长春经开、廊坊发展、云南城投、华夏幸福等
医疗改革题材	目前我国面临着医疗保障制度不健全、药品生产流通秩序不规范及医院管理体系和运行机制不完善，城乡发展不平衡等问题，因此，医疗卫生体制是一项重要的改革领域。医疗改革题材的相关个股有复星医药、信邦制药等
新兴产业题材	我国正处于经济加速转型的阶段中，这为新兴产业提供了发展机会，使得新兴产业得到快速发展，成为市场中的热点。新兴产业题材涉及的行业包括新材料、人工智能、集成电路、生物制药、第五代移动通信等
环保题材	"绿水青山就是金山银山"，发展环保产业是我国经济高质量发展和环境高水平保护的重要举措，环保概念股也逐渐成为热门。环保题材包括污水处理、垃圾回收及环保产品生产等，相关股票包括博天环境、中材节能及中环装备等

最后，我们需要了解的是，找寻市场中的热点题材股并不是让自己成为一个投机型的投资者，而是要通过这些热点题材思考背后的逻辑，从而把握市场中真正的投资机会。

02 选择公司实力强劲的个股

除了从宏观的角度对整个经济环境和行业发展潜力进行分析之外，投资者还可以从公司的角度出发，分析公司的综合实力，选择实力强劲的上市公司的股票更可靠。

分析上市公司的综合实力侧重于对财务报表进行分析解读，从公司公布的每个季度的财务数据中可以知道公司的整体运营情况、发展潜力和盈利能力等，借助这些信息就能够帮助投资者做出正确的投资决策。

因为上市公司的财务报表内容有很多，所以在查看之前我们必须明确分析年报的目的是什么，然后从年报当中找到相关的信息。作为一个投资者，查看公司年报当然是想要了解公司的运营情况，进而评估该公司的股票是否具有投资价值。所以，当我们得到一份上市公司的年报时通常会从三个方面来查看公司的实力：偿债能力、营运能力及盈利能力。

（1）偿债能力

一个公司的偿债能力的强弱是一家公司实力的象征，如果公司偿债能力较弱，存在到期不能偿还债务的可能性，严重时则可能出现资不抵债，进而面临破产的困境。所以，为了保障投资的安全，降低投资的风险，投资者有必要对上市公司的偿债能力进行分析。

上市公司的偿债能力分为两类：一是短期偿债能力；二是长期偿债能力，它们都是通过财务指标来进行分析查看的。查看短期偿债能力的财务指标主要包括流动比率、速动比率及现金比率；查看长期偿债能力的财务指标主要包括资产负债率、利息保障倍数和权益乘数。具体内容如下：

◆ 流动比率

流动比率是流动资产与流动负债的比率，主要用来衡量公司流动资产在短期债务到期之前可以变为现金用于偿还负债的能力，计算公式如下：

流动比率 = 流动资产 ÷ 流动负债

流动比率的值越高，说明企业资产的变现能力越强，进一步说明企业的短期偿债能力越强；反之，则说明企业的短期偿债能力较弱。通常情况下，认为流动比率的值在 2 ∶ 1，即流动资产是流动负债的两倍，比较合适。

◆ 速动比率

速动比率是指速动资产与流动负债的比率，它是衡量企业流动资产中可以立即变现用于偿还流动负债的资产水平，计算公式如下：

速动比率 = 速动资产 ÷ 流动负债

其中：速动资产包括货币资金、短期投资、应收票据、应收账款、其他应收款等可以在较短时间内变现的资产。

速动比率是对流动比率的补充，也是衡量企业短期债务偿还能力的重要指标，该比率越高说明企业的短期偿债能力越强。通常速动比率值在 1：1 左右比较正常，说明企业每 1 元流动负债就有 1 元易于变现的流动资产来抵偿，是短期偿债能力可靠的保证。

◆　现金比率

现金比率指企业现金类资产与流动负债的比值，计算公式如下：

现金比率 = 现金类资产 ÷ 流动负债

其中：现金类资产包括库存现金、随时可用于支付的存款及现金等价物等。

现金比率反映的是企业及时变现的能力，也可以衡量企业立即偿还到期债务的能力。现金比率越高，说明变现能力越强，短期偿债能力也越强。现金比率一般认为在 20% 以上比较好，但是该比率并不是越高越好的，如果过高则说明企业流动资产未能合理运用，现金类资产获利能力较低。

◆　资产负债率

资产负债率是负债总额与资产总额的比值，计算公式如下：

资产负债率 = 负债总额 ÷ 资产总额 ×100%

资产负债率表示企业资产总额中负债的占比情况，可以反映企业资产保障债权人利益的程度，进而用来衡量企业的长期偿债能力。资产负债率越低，说明企业的偿债能力越强，一般认为，资产负债率的适宜水平是 40% ～ 60%。

◆ 利息保障倍数

利息保障倍数是企业息税前利润与利息费用的比值，也被称为已获利息倍数，计算公式如下：

利息保障倍数 = 息税前利润 ÷ 利息费用 ×100%

利息保障倍数主要用来衡量企业偿付借款利息的能力，它是衡量企业支付负债利息能力的重要指标，该指标的大小反映了对偿还到期债务的保证程度。一般情况下，要维持正常的偿债能力，利息保障倍数至少应大于1，且比值越高，说明企业长期偿债能力就越强；反之，如果利息保障倍数越低，则说明企业可能面临亏损及资不抵债的财务危机。

◆ 权益乘数

权益乘数是总资产与所有者权益的比值，计算公式如下：

权益乘数 = 总资产 ÷ 所有者权益

权益乘数实际上表示总资产对所有者权益的倍数，该比值越大说明所有者投入企业的资本占全部资产的比重越小，企业负债的程度越高；反之，该比率越小，表明所有者投入企业的资本占全部资产的比重越大，企业的负债程度越低，企业的偿债能力越强。

（2）营运能力

分析企业的营运能力可以帮助投资者了解企业真实的经营状况和经营管理水平，有助于帮助投资者做出正确的投资决策。企业的营运能力分析就是对反映企业资产营运效率与效益的指标进行计算和分析，具体指标包括应收账款周转率、存货周转率、总资产周转率等。

◆ 应收账款周转率

应收账款周转率是一定时期内企业赊销收入净额与平均应收账款余额的比值，是反映应收账款周转速度的一项指标，计算公式如下：

应收账款周转率 = 赊销收入净额 ÷ 平均应收账款余额

平均应收账款余额 = （应收账款年初数 + 应收账款年末数）÷2

应收账款周转天数 =360÷ 应收账款周转率 = （平均应收账款余额 × 360）÷ 赊销收入净额

应收账款周转率反映的是企业从获得应收账款的权利到收回款项、变成现金所需要的时间。应收账款周转率越高越好，表明公司收账速度快，平均收账期短，坏账损失少，资产流动快，偿债能力强，营运能力强。

◆ 存货周转率

存货周转率也称为存货周转次数，是企业一定时期内的营业成本与存货平均余额的比率，计算公式如下：

存货周转率 = 营业成本 ÷ 存货平均余额

存货平均余额 = （存货年初数 + 存货年末数）÷2

存货周转天数 =360÷ 存货周转率 = （存货平均余额 ×360）÷ 营业成本

存货周转率反映的是企业的存货周转速度和销货能力强弱的指标，也是衡量企业生产经营中存货营运效率的一项综合性指标。该比率越高，说明企业存货变现的速度越快，周转额越大，资金占用水平越低，存货占用水平低，存货积压的风险就越小，企业的变现能力及资金使用效率就越好。

◆ 总资产周转率

总资产周转率是企业营业收入净额与资产总额的比率，计算公式如下：

总资产周转率 = 营业收入净额 ÷ 平均资产总额

平均资产总额 = （期初资产总额 + 期末资产总额）÷2

总资产周转率反映的是企业全部资产的利用效率，该比率越高，说明全部资产的经营效率高，取得的收入多；该周转率越低，说明全部资产的经营效率越低，取得的收入越少。

（3）盈利能力

企业的盈利能力强弱是一家公司竞争力的体现，盈利能力强的公司，竞争能力更强，公司也更具有发展潜力和投资价值。评估企业盈利能力强弱的指标主要包括总资产报酬率、净资产收益率、销售毛利率、销售净利率、每股收益和每股净资产。

◆ 总资产报酬率

总资产报酬率是企业投资报酬与投资总额之间的比率，计算公式如下：

总资产报酬率 = 净利润 ÷ 总资产平均余额 ×100%

总资产报酬率是衡量企业盈利能力的重要指标，该指标越高，表明企业投入产出的水平越好，企业的盈利能力也就越强。总资产收益率越高越好，没有具体的合理范围，行业不同，依据风险偏好也不同。

◆ 净资产收益率

净资产收益率是净利润与净资产平均余额的比值，计算公式如下：

净资产收益率 = 净利润 ÷ 净资产平均余额 ×100%

净资产收益率是衡量企业盈利能力的重要指标，该指标反映股东权益的收益水平，进而衡量企业运用自有资产的效率。该指标的值越高，说明投资带来的收益就越高。

◆ 销售毛利率

销售毛利率是毛利与销售收入的比值，计算公式如下：

销售毛利率 = 毛利 ÷ 销售收入 ×100%=（销售收入 − 销售成本）÷ 销售收入 ×100%

毛利是企业盈利的基础，企业想要经营盈利，首先要确保有足够的毛利，所以在其他条件不变的情况下，毛利额大，毛利率高，则意味着利润总额增加，企业的盈利能力强。

◆　销售净利率

销售净利率是净利润与销售收入的比值，计算公式如下：

销售净利率 = 净利润 ÷ 销售收入 ×100%

销售净利率反映的是企业每 1.00 元销售收入带来的净利润是多少，可以用来衡量企业的收益水平高低。销售净利率越大，说明企业销售活动的盈利能力越强。

◆　每股收益

每股收益即每股盈利，是税后利润与股本总数的比率，计算公式如下：

每股收益 = 净利润 ÷ 股数

每股收益表示普通股股东每持有一股所享受的企业净利润多少，通常用来反映企业的经营成果，是投资者衡量企业盈利能力的重要指标。每股收益越高说明企业创造的利润越多，盈利能力越强。

◆　每股净资产

每股净资产指净资产与股本总数的比率，计算公式如下：

每股净资产 = 净资产 ÷ 股数

每股净资产反映的是每股股票拥有的资产现值，每股净资产越高，股东拥有的每股资产价值越大，企业的盈利能力也就越强。

通过上述指标，投资者便可以对上市公司运营的整体情况做出一个大致的判断，进而判断出该公司的股票投资价值。

第 16 课　从技术面角度选股

除了从基础面的角度筛选具有投资价值的个股之外，还可以从技术面的角度出发，借助各类技术分析工具，判断个股走势中的低位或底部，以便实现低买高卖，赚取价差收益。

01 利用 K 线及 K 线形态选股

K 线一般指 K 线图，它是用来反映每日或某一周期股票表现情况的图形。因为 K 线有阴阳之分，所以也被称为阴阳烛。K 线包含四个数据，即开盘价、最高价、最低价、收盘价，图 5-1 所示为 K 线示意图。

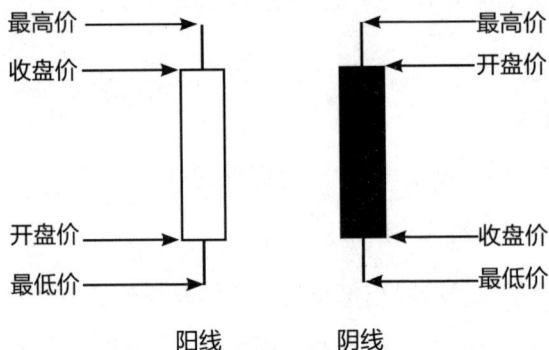

图 5-1　K 线

K 线是一种特殊的市场语言，不同的组合或形态具有不同的市场含义，我们在实际投资过程中可以充分借助 K 线来判断股价的底部信号，进而做出买进决策。

K 线的指示信号分为三种类型：单根 K 线、多根 K 线组合及长期 K 线形态。这三类 K 线都可以向市场发出买卖信号，但是信号强度却不同，单根 K 线 < 多根 K 线组合 < 长期 K 线形态。

这是因为单根 K 线的出现存在偶然性，也可能是庄家故意设置的陷阱，但是多根 K 线组合及长期 K 线形态，尤其是长期 K 线形态庄家操盘的可能性较低，所以信号往往也更准确。

下面我们来分别认识一下这三类 K 线。

（1）单根 K 线

常见的底部看涨单根 K 线有如表 5-3 所示的一些，投资者在实际投资中一旦发现这些单根 K 线信号就需要引起注意，积极跟进。

表 5-3　常见的单根 K 线买进信号

K 线名称	形　态	说　明
底部大阳线		在股价经过一轮大幅下跌之后的波段底部低位区域出现一根放量大阳线，说明多空双方争夺有了结果，多方占据优势，后市看涨。注意：日波动必须在 4% 以上才是有效的大阳线
底部螺旋桨	或	K 线实体较短，上方和下方均有较长上下影线的小阴或小阳线，这类 K 线形状像飞机的螺旋桨，所以被称为螺旋桨。螺旋桨在股价底部低位区域出现，是股价见底回升的信号
底部十字星线		十字星线是指开盘价与收盘价相同，且有长上下影线的 K 线。十字星线是一种常见的底部信号，在股价大跌后的底部区域出现十字星线，说明空头势力衰竭，是股价即将触底回升的信号
底部锤头线	或	锤头线是一根实体很小，可阴可阳，下影线很长，基本没有上影线（允许有上影线，但必须很短）的 K 线。其下影线越长，上影线越短，实体越小，越有效。在股价大跌后的低位区域出现的锤头线，是强烈的看涨信号
底部倒锤头线	或	倒锤头线与锤头线相反，指有较长上影线，无下影线，实体很小，可阴可阳的 K 线。倒锤头线出现在下跌后的底部区域是股价触底回升的信号

理财实例

渝三峡 A(000565) 低位十字星线分析

图 5-2 所示为渝三峡 A 2020 年 12 月至 2021 年 3 月的 K 线走势。

从图 5-2 可以看到，渝三峡 A 前期处于下跌走势之中，股价向下缓慢滑落，跌至 4.00 元价位线下方后跌势渐缓，且 2 月 5 日 K 线收出一根十字星线止跌，说明该股的空头势能在下跌的过程中逐渐衰竭，股价可能在此位置触底，后市即将迎来一波上涨。

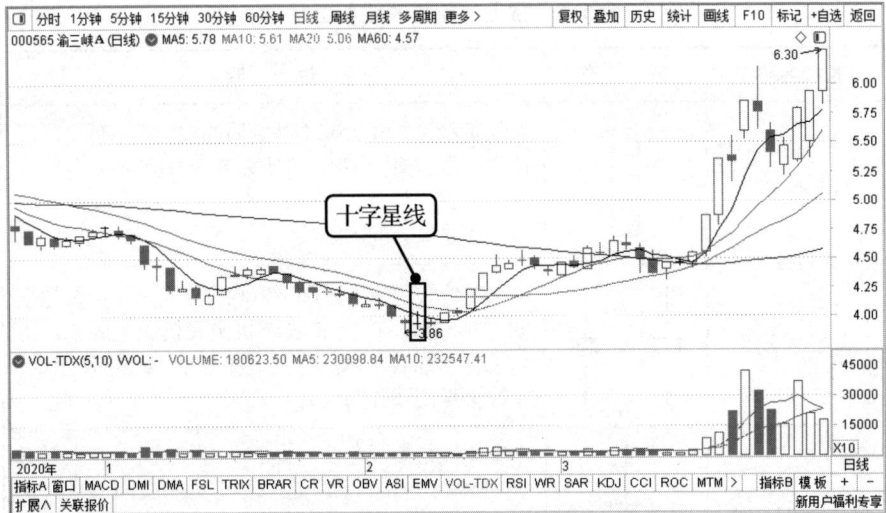

图 5-2　渝三峡 A 2020 年 12 月至 2021 年 3 月的 K 线走势

（2）多根 K 线组合

两根及以上的多根 K 线可能形成具有指示意义的 K 线组合，投资者需要对这些 K 线组合有所了解，具体如表 5-4 所示。

表 5-4　常见的多根 K 线组合买进信号

K 线组合	形　态	说　明
早晨之星		出现在下跌途中，由三根 K 线组成（阴线、十字星、阳线），第三根 K 线的实体要深入第一根 K 线实体之内。早晨之星是可靠的股价见底信号，后市看涨

续表

K 线组合	形　态	说　明
好友反攻		出现在下跌行情中，K 线先出现一根大阴线，然后跳低开盘，并收中阳线或大阳线，并且收在前一根 K 线收盘价相同或相近的位置上，是股价见底信号
曙光初现		出现在下跌行情中，K 线先拉出一根大阴线或者是中阴线，然后再出现一根大阳线或中阳线，阳线的实体部分要深入阴线实体的一半以上，曙光初现是股价触底信号
旭日东升		出现在下跌的行情中，由一根大(中)阴线和大(中)阳线组成，阳线收盘价高于阴线的开盘价。旭日东升为股价见底信号
平底		平底指两根 K 线的最低价几乎处于同一水平位置，即最低价相同或是相近，是股价见底回升的信号

理财实例

大恒科技（600288）底部平底分析

图 5-3 所示为大恒科技 2020 年 12 月至 2021 年 6 月的 K 线走势。

图 5-3　大恒科技 2020 年 12 月至 2021 年 6 月的 K 线走势

从图 5-3 可以看到，2021 年 2 月，在股价大跌后的低位底部区域，股价跌势渐缓，2 月 9 日 K 线收出一根带长下影线的阴线，并创下 9.02 元的新低后股价止跌。紧接着第二天 K 线收出一根十字星线，其最低价与前一日的阴线最低价大致齐平，形成平底形态，说明股价在此位置触底，后市看涨。

（3）长期 K 线形态

K 线经过一段时间的运行会形成一些具有指示意义的形态，包括一些底部反转形态，投资者利用这些形态可以快速判断底部，做出买进操作。具体如表 5-5 所示。

表 5-5　长期 K 线底部形态

K 线形态	图　示	说　　明
V 形底		V 形底也称为尖底，是股价连续长阴下跌到重要支撑位，以 V 形反转方式连续长阳上攻，形成 V 形反转的底部形态。V 形底是一种变化较快、转势力度极强的反转形态
W 底		股价走势像"W"字母，称为 W 形底，也称双重底形态，是一种较为可靠的反转形态。W 底是股价下跌至一定幅度后出现反弹，然后再次下跌，跌势趋于缓和，在前低点附近处止跌，并开始向上拉升，并伴随大成交量突破前期高点，即颈线，然后继续拉升，双重底形态成立
三重底		三重底又称为多重底，它是指股价连续三次下跌获得支撑，形成三个底部。形成前两个底部后，股价反弹到一个几乎和前一个顶部相同的价位时遇到阻力回调，最终形成两个顶点三个底点的三重底形态，其中两个顶部连接起来的水平线称为颈线，颈线对后期有支撑或阻力的作用，在形成最后一个底部后，股价上涨突破颈线，三重底形态完成，是一种较为可靠的反转形态

续表

K 线形态	图　示	说　明
头肩底		头肩底是一种典型的趋势反转形态，是在行情下跌尾声中出现的看涨形态，图形以左肩、底、右肩及颈线形成。三个波谷成交量逐步放大，有效突破颈线阻力后，形态形成
圆弧底		圆弧底是标准的股价反转形态，圆弧底指底部呈圆弧形，股价从高位处滑落一段时间之后，持股者已经舍不得抛售，而持币者也没有太大的信心，希望能再出现更低的价格，由于买卖双方都不积极，所以跌势逐渐减缓。圆弧底形成末期，股价迅速上扬形成突破，成交量也显著放大，股价转入上升走势中

理财实例

国旅联合（600358）W 底分析

图 5-4 所示为国旅联合 2020 年 11 月至 2021 年 5 月的 K 线走势。

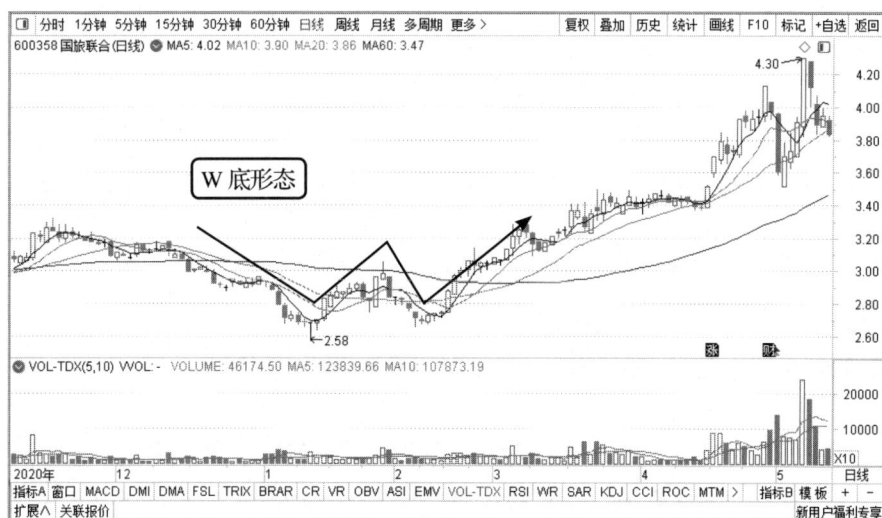

图 5-4　国旅联合 2020 年 11 月至 2021 年 5 月的 K 线走势

从图 5-4 可以看到，国旅联合下跌后的低位底部区域，股价止跌小幅回升后再次下跌，并在前期低点位置止跌，形成 W 底形态。股价上涨突破 W 底形态的颈线后转入上升趋势中。

综上所述，投资者可以通过单根 K 线、多根 K 线组合及长期 K 线形态来判断股价底部，进而找到股价的买进位置。

02 均线也是选股利器

均线是股市中的重要技术指标，具有提示作用，投资者可以通过均线对当前的市场进行准确的判断，找到低位底部，进而找到适合投资的股票。

均线全称为移动平均线，简称 MA，是用统计分析的方法，将一定时期内的股价加以平均，并把不同时间的平均值连接起来，形成一根 MA，用于观察股价变化趋势。

利用均线选股主要是利用均线金叉和多头排列这两个均线现象来进行选择，具体如下：

（1）均线金叉

均线金叉指短期均线向上穿过长期均线形成的交叉，它是多方占据有利地位的表现，一旦个股出现金叉，则说明后市即将迎来一轮上涨，金叉形成之际就是投资者的入场之时。

理财实例

福建高速（600033）均线金叉分析

图 5-5 所示为福建高速 2020 年 12 月至 2021 年 5 月的 K 线走势。

从图 5-5 可以看到，福建高速前期处于下跌趋势中，股价创下 2.46 元的新低后止跌回升。与此同时，查看均线系统发现，均线随着股价的下跌而下行，股价止跌回升均线也拐头向上。

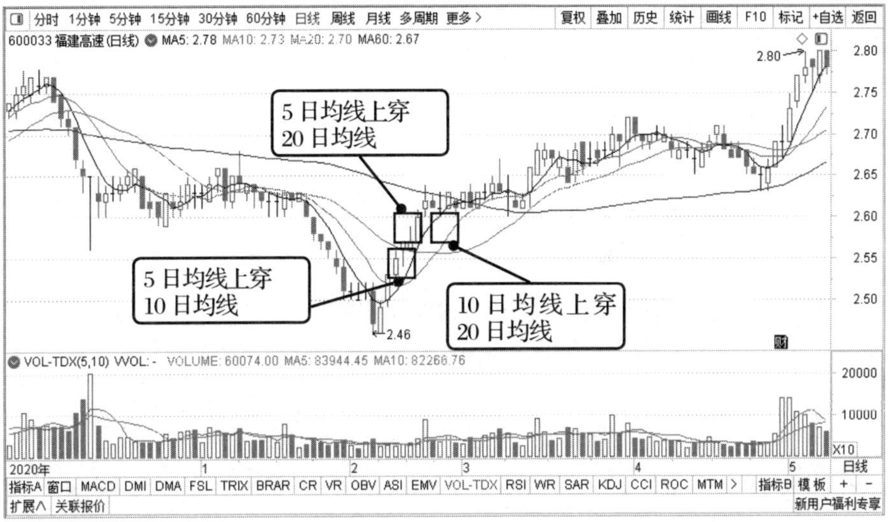

图 5-5　福建高速 2020 年 12 月至 2021 年 5 月的 K 线走势

仔细观察均线走向可以发现，均线在拐头向上时，短期均线最灵敏，最先反应，在拐头向上时上穿长期均线形成金叉。金叉出现后，股价止跌转入上升趋势中。

（2）多头排列

均线多头排列是指均线系统按照短期、中期、长期自上而下的顺序进行排列，它出现在涨势中，是一种强烈的买进信号，表明后市该股股价将继续看涨。需要注意的是，多头排列可能出现在上涨初期、上涨中期和上涨后期，如果是出现在股价大幅上涨后的高位，则要谨慎，避免被套。

理财实例

盛和资源（600392）多头排列分析

图 5-6 所示为盛和资源 2020 年 10 月至 2021 年 2 月的 K 线走势。

从图 5-6 可以看到，盛和资源前期表现横盘走势，股价在低位区域横盘运行，成交量表现缩量。2020 年 11 月下旬，成交量明显放量，带动股价小幅上涨。

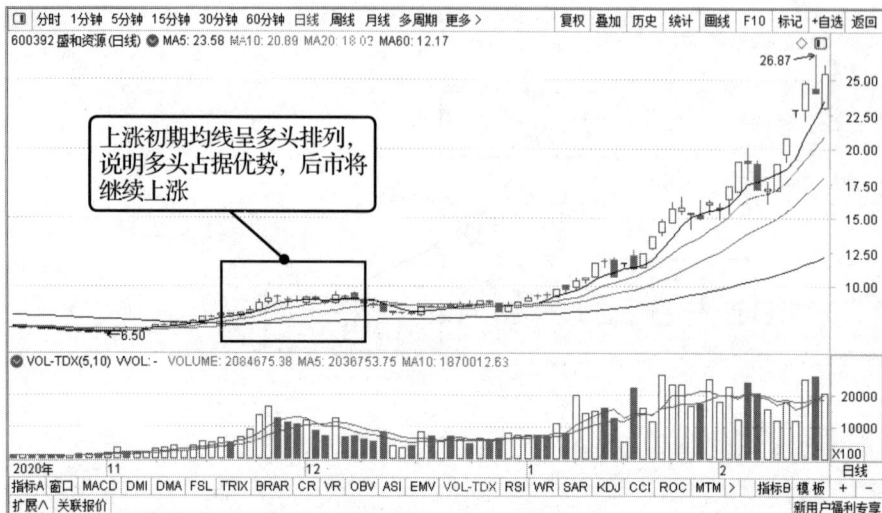

图 5-6　盛和资源 2020 年 10 月至 2021 年 2 月的 K 线走势

此时，查看均线发现，股价小幅上涨的过程中，均线系统呈多头排列，短期均线、中期均线和长期均线，由上至下依次排列。在股价长期横盘后的低位区域，均线出现多头排列，说明该股结束横盘低迷期，转入上涨走势中，后市将迎来一波大幅拉升行情。

综上所述，投资者根据均线金叉和多头排列这两种现象可以准确找到股价上涨信号，轻松实现技术选股。

03 借助技术指标判断低位底部

技术指标是股市投资分析中的行业术语，泛指一切通过数学公式计算得出的股票价格的数据集合，例如 MACD（平滑异同移动平均线）、KDJ（随机指标）、BOLL（布林线）及 WR（威廉指标）等。通过技术指标分析，对研究股票市场行为反应，以及推测价格的变动趋势有重要作用，所以，投资者也可以利用这些技术指标来找寻股价的低位底部，做买股分析。

下面我们来利用 MACD 和 KDJ 指标做底部买进分析。

（1）MACD

MACD 称为异同移动平均线，它是从双指数移动平均线发展而来的，由快的指数移动平均线（EMA12）减去慢的指数移动平均线（EMA26）得到快线 DIF，再用 2×(快线 DIF−DIF 的 9 日加权移动均线 DEA) 得到 MACD 柱。MACD 指标即由快、慢均线的离散、聚合表征当前的多空状态，并判断股价未来的发展变化趋势。

MACD 指标的买入信号主要包括三个：MACD 金叉、MACD 绿翻红及底背离。

◆ MACD 金叉

MACD 金叉是指 DIF 线由下向上突破 DEA 线形成的交叉。金叉是多头占据优势，后市看涨的信号。图 5-7 所示为 MACD 金叉。

图 5-7　MACD 金叉

需要注意的是，不同位置出现的金叉买入信号反应的强烈程度不同。0 轴下方的 MACD 金叉，表明多方力量暂时占上风，但是上涨行情还没有完全展开，此时介入具有一定的风险。MACD 金叉出现在 0 轴上方或附近是强烈的买入信号，0 轴附近的金叉要优于 0 轴上方的，接近 0 轴说明涨势刚开始，股价将来有更大的上升空间，风险更小。

◆ MACD 绿翻红

MACD 指标有红柱和绿柱，它们不断交替出现，0 轴下方为绿柱，0 轴上方为红柱，根据红绿柱的长短变化也可以判断买卖行动。MACD 绿翻红指 MACD 值由负转正，绿柱的长度逐渐缩小，转为红柱，说明市场由空头转为多头，是买进信号。图 5-8 所示为 MACD 绿翻红。

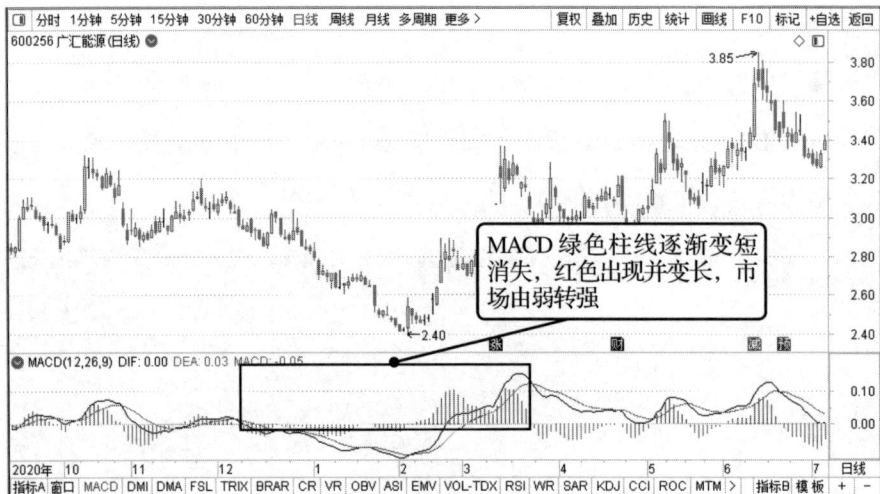

图 5-8　MACD 绿翻红

◆ MACD 底背离

MACD 底背离通常出现在股价大跌后的低位底部区域，K 线中的股价还在继续下跌，低点比前一次低点低，此时 MACD 指标的低点却比前一次的低点高，形成底背离现象。

底背离现象是预示价格在低位可能反转向上的信号，表明短期内可能反弹向上，是短期买入的信号。

图 5-9 所示为 MACD 底背离现象。

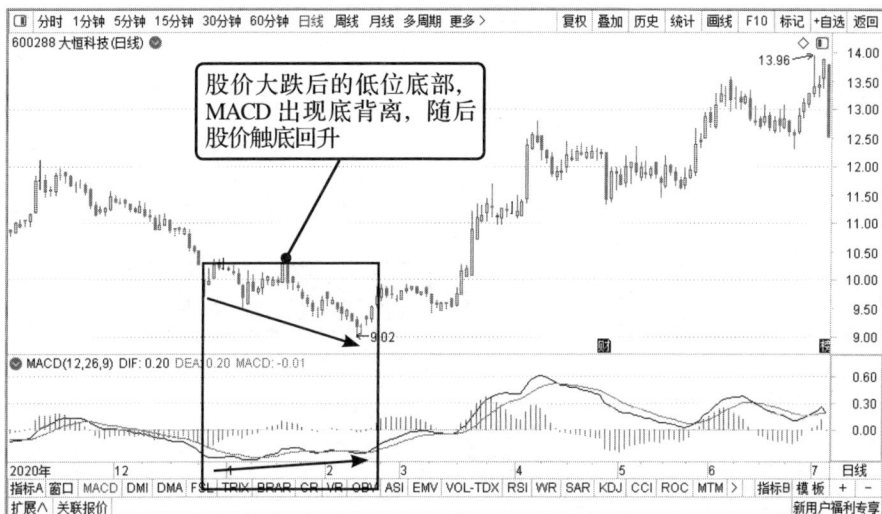

图 5-9　MACD 底背离

（2）KDJ

KDJ 指标中文名称随机指标，它是利用价格波动的真实幅度来反映价格走势强弱及超买超卖现象的指标。

KDJ 指标会在价格转折点来之前发出买卖信号，所以，投资者可以利用 KDJ 指标来做买股分析。KDJ 指标的买入信号主要包括超卖区和 KDJ 金叉。

◆　KDJ 超卖

KDJ 指标由 K 线、D 线和 J 线三线组成，K 为快速指标；D 为慢速指标；J 线为辅助指标，表示 K 值与 D 值的乖离率。

KDJ 超卖指的是 KDJ 指标数值处于低位，有可能出现上升反转，属于一种看涨信号。当 K、D、J 这三个值都处于 20 以下则为超卖区，即市场中 80% 的投资者都在卖股票，市场极度看空，股价短期下跌的动能减弱，后市反弹回升概率极大。

图 5-10 所示为 KDJ 超卖现象。

图 5-10　KDJ 超卖

◆ KDJ 金叉

KDJ 金叉是指 K 线由下向上与 D 线形成交叉，形成有效的向上突破，为买入信号。图 5-11 所示为 KDJ 金叉。

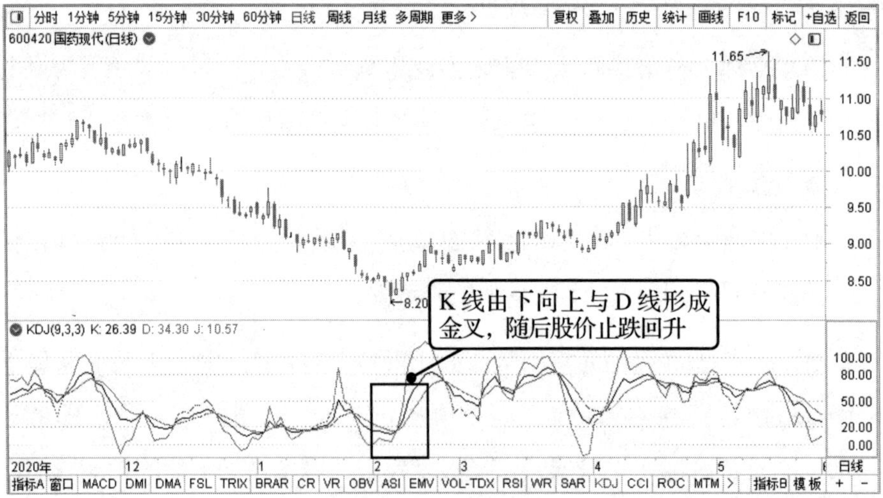

图 5-11　KDJ 金叉

不同位置的金叉，买入信号的强弱不同。如果股价经过一段长时间的低位盘整行情，且 K、D、J 三线都处于 50 线以下时，一旦 J 线和 K 线几乎同时向上突破 D 线形成金叉，表明股市即将转强，股价跌势已经结束，将止跌朝上，为强烈的买入信号。

股价经过一段时间的上涨，进入盘整行情，且 K、D、J 三线都处于 50 线附近徘徊时，一旦 J 线和 K 线几乎同时再次向上突破 D 线形成金叉，成交量再度放出，表明股市处于强势状态，股价将再次上涨，可加码买进股票或持股待涨。如果前期涨幅较大，已经处于高位区域，则风险较大，需要谨慎处理。

当然，除了我们介绍的 MACD 指标和 KDJ 指标之外，还有很多的技术指标都能做买进信号分析，投资者可以查看多种指标进行综合分析，确认买进信号的强弱，降低投资风险。

第 17 课　认识顶部，及时落袋为安

买进股票后并不意味着投资结束，投资者还要在合适的位置卖出持股，将收益落袋为安才算完成一次完整的投资。这其中就涉及顶部的判断，投资者要懂得分析判断股价顶部，及时出逃，避免股价见顶回落被套，面临惨重的损失。

01 K 线发出的顶部信号要抓牢

在前面的内容中我们知道了利用单根 K 线、多根 K 线组合及长期 K 线形态来判断股价底部做买进分析，实质上单根 K 线、多根 K 线组合及长期 K 线形态也能做顶部判断及卖出分析。

（1）单根 K 线

常见的顶部单根 K 线信号如表 5-6 所示。

表 5-6　常见的单根 K 线卖出信号

K 线名称	形　态	说　明
高位大阴线		在股价大幅上涨后的高位区域，出现一根大阴线，实体很大，可以带一点上下阴线，吞没昨日的阳线，显示做空力量强大，多头无力反抗，趋势即将反转，是卖出信号
顶部螺旋桨	或	螺旋桨 K 线是一种变盘信号，如果出现在股价上涨后的高位区域，则说明市场即将变盘下跌，为卖出信号
顶部十字星线		股价大涨之后的高位区域出现十字星线，说明上涨乏力，且较长的上影线说明空方占据优势，股价将止涨下跌，为卖出信号
倒锤子线	或	股价连续上涨后在高位出现倒锤子线，上影线比下影线长甚至是几倍于它，实体相对较小，可阴可阳。说明空头占据优势，虽然多头极力反抗，但是力量较弱，后市股价下跌的可能性较大
顶部锤子线	或	K 线下影线较长，是上影线的好几倍，实体小，可阴可阳，暗示下方承接力强，股价继续以上升为主。一般出现这种形态是股价见底的信号，但如果是在大涨后的高位出现，一般以第二天的走势来确定，如果第二天是一根阴线，后市转跌的可能性大，应以卖出为主

理财实例

惠泉啤酒（600573）高位大阴线卖出分析

图 5-12 所示为惠泉啤酒 2020 年 9 月至 2021 年 2 月的 K 线走势。

从图 5-12 可以看到，在股价经过一轮上涨行情运行至 12.00 元的高位区域，2020 年 12 月 24 日 K 线高开低走，收出一根跌幅超过 8% 的大阴线，且将前一日的小阳线全部吞没，说明场内多空力量转换，空头势能较大，股价见顶，后市看跌，投资者应该在此位置积极出逃。

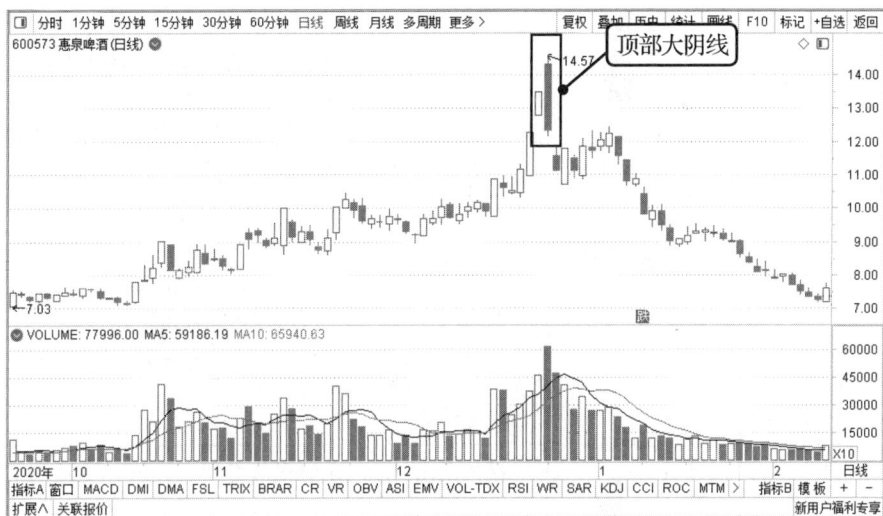

图 5-12 惠泉啤酒 2020 年 9 月至 2021 年 2 月的 K 线走势

（2）多根 K 线组合

常见的表示反转信号的顶部 K 线组合如表 5-7 所示。

表 5-7 常见的多根 K 线组合卖出信号

K 线组合	形 态	说 明
黄昏之星		黄昏之星由三根 K 线组成，第一天股价继续上升，拉出一根阳线，第二天波动较小，形成一根小阳线、小阴线或星线构成星的主体部分，第三天形成一根包容第二天并延伸至第一天的阴线实体。黄昏之星表示股价回落，是卖出信号
乌云盖顶		乌云盖顶由两根 K 线组成，第一根为大阳线或中阳线，第二根为高开低走的大阴线或中阴线，阴线实体深入阳线实体 1/2 以下。说明股价上涨乏力，抛盘较大，市场即将反转下跌

续表

K 线组合	形　态	说　　明
淡友反攻		淡友反攻由一阳一阴两根 K 线组成，价格或指数先是走出一根大阳线，接着跳空高开，但最终是以一根大阴线或中阴线收盘，并且收盘价格与前一根阳线的收盘价接近或相同，表明多方力量已经衰竭，要及时出局观望
双飞乌鸦		双飞乌鸦由三根 K 线组成，第一根为大阳线，后面跟着两根小阴线，第一根阴线的实体部分与阳线形成缺口，构成起飞的形状，只可惜后继无力，出现低收的情形；第二根阴线的实体部分较长，较为理想的是第二根阴线再次高于前一日开盘价开出，然后低收。双飞乌鸦为见顶回落的 K 线组合，一旦出现可获利了结出局
倾盆大雨		倾盆大雨由一阳一阴两根 K 线组成，第一日 K 线是大阳线或中阳线，次日 K 线跳空低开至阳线的实体内，为低收于阳线开盘价的大阴线或中阴线。倾盆大雨是较为常见的见顶信号，后市看跌
平顶		平顶指两根 K 线的最高价处于同一水平位置上，即最高价相同或是相近，是股价见顶回落的信号

理财实例

财通证券（601108）乌云盖顶卖出分析

图 5-13 所示为财通证券 2020 年 6 月至 2021 年 2 月的 K 线走势。

从图 5-13 可以看到，财通证券前期处于上涨趋势中，股价震荡向上。2020 年 7 月 31 日，K 线收出一根高开高走的中阳线，继续之前的上涨行情，但紧接着 8 月 3 日情况却急转直下，股价跳空高开低走，收出一根大阴线，阴线实体部分深入前一日阳线的实体部分超过 1/2，形成乌云盖顶形态。说明多方实力衰竭，空方攻击力度增大，后市转跌。

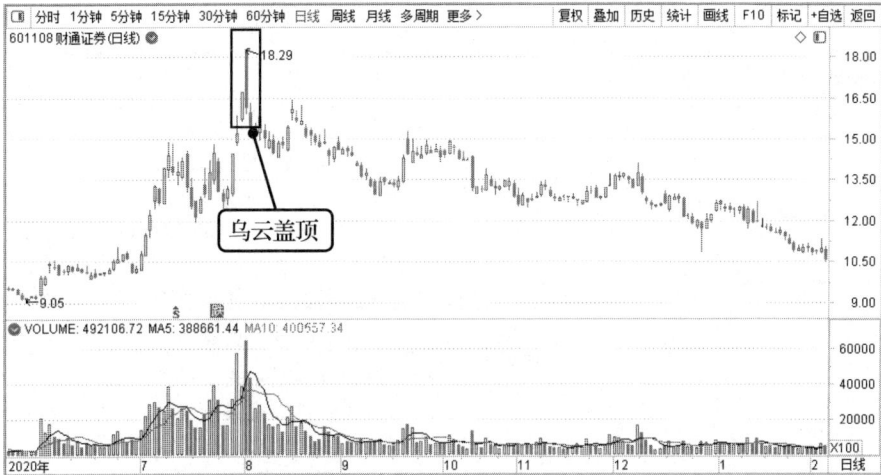

图 5-13 财通证券 2020 年 6 月至 2021 年 2 月的 K 线走势

（3）长期 K 线形态

长期 K 线走势除了形成底部形态之外，也会形成具有指示意义的顶部形态，如表 5-8 所示。

表 5-8 长期 K 线顶部形态

K 线形态	图 示	说 明
倒 V 形顶		倒 V 形顶指股价经过连续急速上涨后，突然转势下跌，并伴随大量的成交量，形成十分尖锐的转势点，是典型的顶部反转信号，投资者应立即离场
M 形顶		股价走势像 "M" 字母，称为 M 形顶，是一种典型的顶部反转形态。在股价上涨过程中，当股价上涨至某一价格水平位置，成交量显著放大，股价开始掉头回落，下跌至某一位置时，股价再度反弹上行，但成交量较第一高峰时略有收缩，反弹至前高附近后再下跌并跌破第一次回落的低点，双重顶形成
三重顶		股价处于上升趋势中，当股价出现一个高点后下跌，随后又出现两次反弹，且每次都反弹至前高点位置附近回落，形成三重顶形态。说明该价格区间阻力较大，抛盘较重，后市股价下跌的概率较大，投资者应该尽快离场

续表

K线形态	图　示	说　　明
头肩顶		头肩顶是在上涨行情接近尾声时的看跌形态，图形以左肩、头部、右肩及颈线构成。股价在上升途中出现了三个峰顶，这三个峰顶分别称为左肩、头部和右肩。从图形上看左肩、右肩的最高点基本相同，而头部最高点比左肩、右肩最高点要高。说明股价上涨的力量越来越弱，后市转为弱市的可能性较大
圆弧顶		股价进入上升行情的末期后，多头上涨受阻，股价上升的速度减缓，甚至是下跌，多空双方在高位处形成拉锯战，多头由主动进攻变成被动防守，直至上升动力衰竭，形成大幅破位走势。该形态宛如一根圆弧状的曲线，称为圆弧顶，圆弧顶是一种非常扎实的反转形态，后市看跌

理财实例

航发动力（600893）M 形顶卖出分析

图 5-14 所示为航发动力 2020 年 10 月至 2021 年 5 月的 K 线走势。

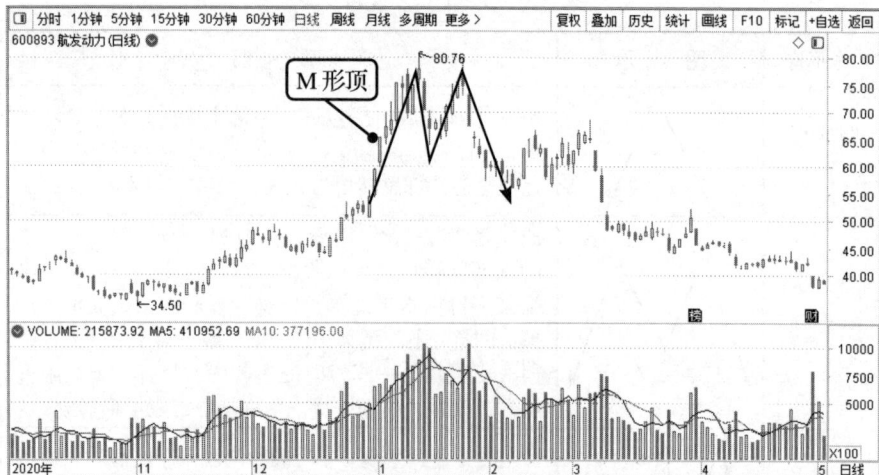

图 5-14　航发动力 2020 年 10 月至 2021 年 5 月的 K 线走势

从图 5-14 可以看到，航发动力前期处于上升趋势中，当股价上涨至

75.00 元附近后涨势渐缓，创下 80.76 元的新高后止涨回落。股价小幅下跌至 65.00 元附近后止跌反弹，当股价回升至前期高点附近，再次止涨下跌。两次冲高形成了典型的 M 形顶形态，说明股价见顶，后市看跌。

ⓂⒺ 利用均线识别顶部

利用均线识别顶部信号主要是指均线死叉和空头排列两个均线现象，具体如下：

（1）均线死叉

均线死叉指短期均线自上而下穿过长期均线形成的交叉。死叉是多头市场转为空头市场的信号，说明后市即将进入下跌行情。

理财实例

长城军工（601606）均线死叉分析

图 5-15 所示为长城军工 2020 年 5 月至 2021 年 2 月的 K 线走势。

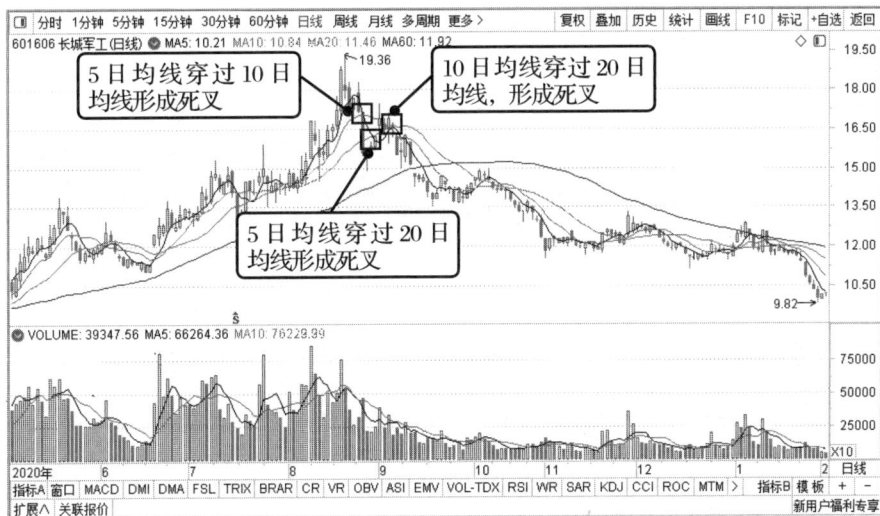

图 5-15　长城军工 2020 年 5 月至 2021 年 2 月的 K 线走势

从图 5-15 可以看到，长城军工前期处于上升行情中，股价震荡向上。2020 年 8 月中旬，创下 19.36 元的新高后股价止涨，小幅回落。此时，5 日均线迅速反应，拐头向下依次穿过 10 日均线和 20 日均线，形成均线死叉。随后 10 日均线也拐头向下，穿过 20 日均线形成死叉，说明该股这一轮上涨行情结束，市场由多头转为空头，投资者应立即离场，避免被套。

（2）空头排列

空头排列是指均线系统在股价运行的过程中，长期均线、中期均线和短期均线按照从上到下的顺序依次排列，是市场弱势的表现，说明股价处于熊市，投资者应果断斩仓离场。

理财实例

赛腾股份（603283）均线空头排列分析

图 5-16 所示为赛腾股份 2020 年 5 月至 2021 年 6 月的 K 线走势。

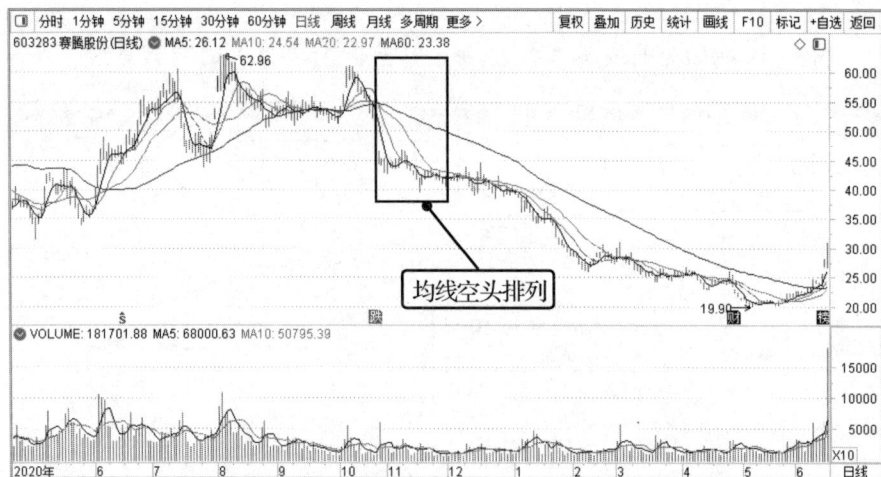

图 5-16　赛腾股份 2020 年 5 月至 2021 年 6 月的 K 线走势

从图 5-16 可以看到，赛腾股份前期表现为上涨行情，股价上涨至 60.00 元的高位区域后止涨，随后横盘窄幅运行。2020 年 10 月下旬，股价拐头向下，跌破前期 53.00 元横盘平台，继续下行。与此同时，均线系统按照长期均线、中期均线和短期均线的顺序自上而下进行排列，形成空头排列，说明该股股价进入空头市场，后市看空，投资者应及时离场。

从前述内容可以看到，投资者在实际操盘过程中可以利用均线来寻找股价的顶部，在卖出信号发出后，果断离场，避免被套。

03 通过技术指标寻找顶部信号

技术指标也能发出可靠的顶部信号，投资者可以利用这些信号及时做出卖出操作，锁定前期收益，落袋为安。市场内的技术指标很多，这里也以 MACD 指标和 KDJ 指标为例进行介绍。

（1）MACD 指标

MACD 指标的卖出信号主要包括三个：MACD 死叉、MACD 红翻绿及顶背离。

◆　MACD 死叉

MACD 死叉指 MACD 指标中的 DIF 线自上而下穿过 DEA 线形成的交叉，死叉的出现说明空头在多空双方的竞争中占据优势，后市看跌。图 5-17 所示为 MACD 死叉现象。

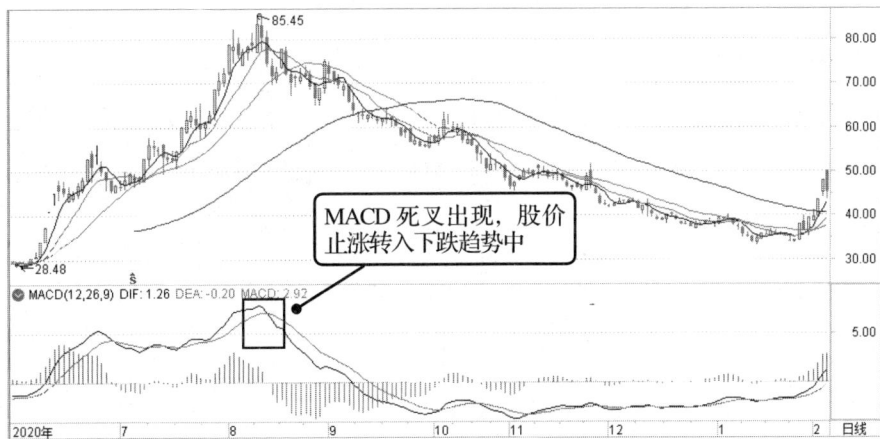

图 5-17　MACD 死叉

根据 MACD 死叉出现位置的不同，又可以将其分为高位死叉、0 轴附近的死叉和低位死叉，其中高位死叉属于行情反转，看跌信号更强。低位死叉的下跌空间比较有限，而且可能很快就进入筑底阶段。

◆ MACD 红翻绿

MACD 红翻绿是指 MACD 值由正转负，红柱线的长度逐渐减小，转为绿柱，说明市场由多头转为空头，是股价下跌的卖出信号。图 5-18 所示为 MACD 红翻绿情形。

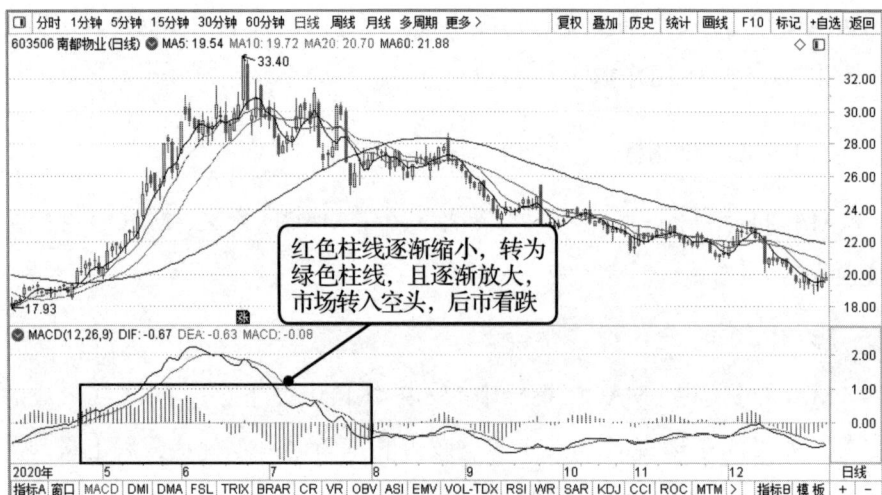

图 5-18　MACD 红翻绿

◆ 顶背离

MACD 顶背离通常出现在股价大涨后的高位区域，K 线中的股价还在继续上涨，且一峰比一峰高，但此时 MACD 指标的高点却比前一次的高点低，形成顶背离现象。

顶背离现象一般是股价在高位即将反转情势的信号，表明股价短期内即将下跌，是卖出股票的信号。

图 5-19 所示为 MACD 顶背离情形。

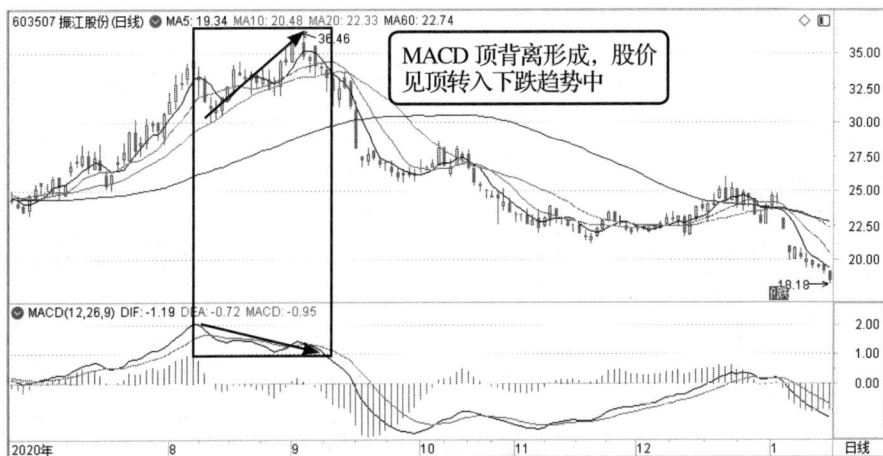

图 5-19　MACD 顶背离

（2）KDJ 指标

KDJ 指标发出的顶部卖出信号主要包括超买区和 KDJ 死叉。

◆ KDJ 超买

KDJ 超买指的是 KDJ 指标数值处于高位，有可能出现下跌反转，属于一种看跌信号。当 K、D、J 这三个值都处于 80 以上则为超买区，说明市场中的买气过盛，超出买方实力，股价随时可能出现回落。如图 5-20 所示。

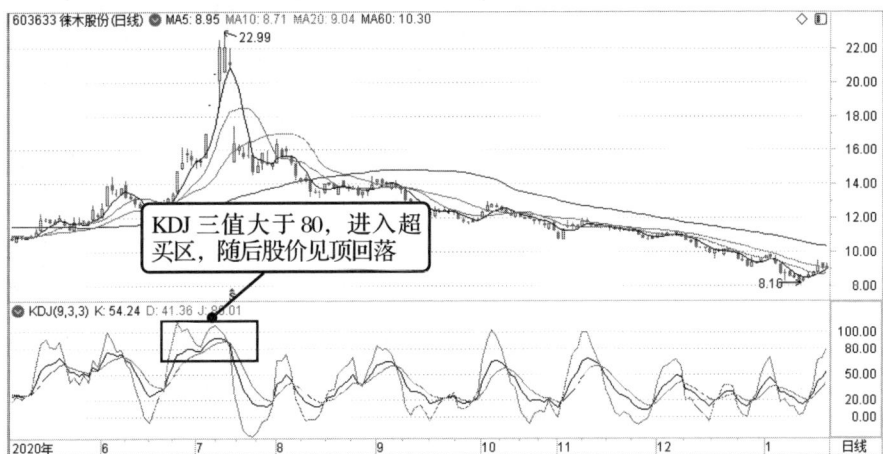

图 5-20　KDJ 超买

◆ KDJ 死叉

KDJ 死叉指 K 线自上而下穿过 D 线形成的交叉。KDJ 死叉是市场由强转弱的信号，说明后市股价将出现大跌，投资者应该及时卖出持股。图 5-21 所示为 KDJ 死叉情形。

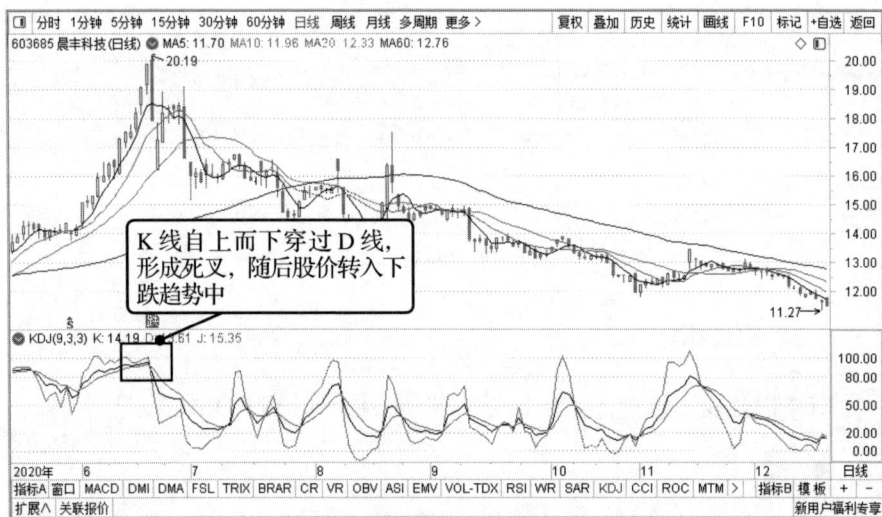

图 5-21　KDJ 死叉

根据 KDJ 死叉出现的位置不同，又可以分为高位死叉（80 附近）和中位死叉（50 附近），两者都发出卖出信号，但高位死叉的信号更强，投资者一旦发现该信号，应及时卖出持股。

第6章

防患未然做好保险管理

　　保险是一种保障机制，也是市场经济条件下基本的风险管理手段。人生在世，意外在所难免，但是通过保险，人们可以对这些意外提前预防，一旦发生意外可以通过赔偿来降低自己的损失。因此，理财者想要安稳的生活离不开保险管理。

第 18 课　正确认识保险，才能得到真正的保障

如今，很多人都有忧患意识，所以，购买保险的人很多，期望通过保险来为自己及家庭生活带来保障。但很多时候却事与愿违，投保人投入了大量的保费，意外发生时却得不到赔偿，而造成这一现象的原因是没有正确认识购买的保险及其保障内容就匆忙购买，出现意外结果却不在理赔范围之内。

为了避免这类情况发生，我们在投保之前必须要做好对保险的基础认识，再购买保险。

01 保险的意义是保障，不是获益

投保人在购买保险之前要明白保险的核心意义是提供保障，而不是获益。保险是管理风险的财务杠杆，前期小额投入，当意外发生时却能够领取数十倍甚至是数百倍的保额，来抵御意外带来的伤害。

但是，有的人却本末倒置，将保险看作是发财的工具，期望用以小博大的杠杆效应来改变生活。这显然是不对的，我们投保的目的应该是避免因为疾病、意外及年老等使生活发生巨变，甚至是陷入困境，所以，保险不是用来改变生活，而是防止生活被改变的。

具体来看，购买保险的意义主要有这样几点：①生有所备；②老有所养；③病有所医；④死有所留；⑤残有所靠。

总的来看，保险就是在不幸遭遇人生低谷或病重急需用钱的时候，能够及时给我们提供大量的、急用的资金帮助，避免我们的生活陷入困境。

02 一份保险合同的基本要素要明确

保险合同是投保人与保险人约定权利义务关系的协议，具有合同的一

般属性，具有法律效应。每个投保人在购买保险时都会签订保险合同，所以我们在投保之前要明确保险合同的基本要素，对此有基本的认识。

保险合同的基本要素主要是指合同的主体、客体和内容。合同中的主体即构成保险关系的人，具体来看可以分为与保险合同发生直接、间接关系的人，即保险当事人、保险关系人和保险合同中介人。

（1）保险当事人

保险当事人是指直接参与并建立保险法律关系，确定权利义务的行为人，主要包括投保人和保险人。

◆　投保人

投保人指与保险人订立保险合同，并按照保险合同负有支付保险费义务的人。投保人需要具备以下三个条件：

①具有相应的行为能力和权利能力。

②对保险标的必须具有保险利益。

③具有交纳保险费的能力。

◆　保险人

根据《中华人民共和国保险法》的规定，保险人也被称为承保人，它是指与投保人订立保险合同，并承担赔偿或者给付保险金责任的保险公司。

需要注意的是，保险人是法人，公民个人不能作为保险人，所以，我国保险人通常需要具备以下几项条件：

①具有法人资格。

②由保险监管部门批准取得经营资格。

③具有一定数量的资本金等条件。

因此，保险人的具体形式包括保险股份有限公司、相互保险公司、相互保险社、保险合作社、国营保险公司及专业自保公司。

（2）保险合同的关系人

保险合同的关系人是指与保险合同利益相关的人，具体包括被保险人、受益人和保单所有人。

◆ 被保险人

被保险人指其财产或人身受保险合同保障，享有保险金请求权的人。在实际的投保中，被保险人可以是法人，也可以是自然人。在财产保险中，被保险人往往是指投保人；在人身保险中，若投保人为自己投保，投保人就是被保险人，若投保人为他人投保，他人是被保险人。

◆ 受益人

受益人是指在保险合同中约定的，在保险事故发生后享有保险金请求权的人。受益人通常存在于人身保险中，接受保险合同利益。受益人一般是由被保险人指定的，并载入保险合同中，具体包括以下两种情况：

①当投保人为自己投保人身保险，受益人可以是投保人，即被保险人，也可以是第三者。

②当投保人为他人投保人身保险，受益人可以是投保人，也可以是被保险人，或者是第三者。在保险期限内，被保险人可以更换受益人。

◆ 保单所有人

保单所有人又称"保单持有人"，是拥有保单各种权利的人，是在投保人与保险人订立保险合同时产生的，他可以与投保人、受益人是同一人，也可以是其他任何人，如被保险人的法定继承人。

（3）保险合同的中介人

保险合同的中介人主要包括保险代理人、保险经纪人和保险公估人，具体如下：

- ◆ 保险代理人是指根据保险人的委托授权，代理其经营保险业务，并收取代理费用的人。
- ◆ 保险经纪人是基于投保人的利益，为投保人与保险人订立保险合同提供中介服务，并依法收取佣金的机构。
- ◆ 保险公估人是指依照法律规定设立，受保险公司、投保人或被保险人委托办理保险标的的查勘、鉴定、估损及赔款的理算，并向委托人收取酬金的公司。

在了解了保险合同的主体之后，还要了解合同的客体和内容。保险合同的客体是指投保人对保险标的所具有的法律上承认的利益，即保险利益。而保险标的是指保险合同中载明的投保对象，是保险事故发生后所在的本体。

最后，保险合同的内容就是指保险条款，包括基本条款和附加条款。保险合同的主要内容如下：

①保险人的名称和住所。

②投保人、被保险人、受益人（人身保险）的姓名或名称和住所。

③保险标的。

④保险责任和责任免除。

⑤保险期间和保险责任的开始时间。

⑥保险金额。

⑦保险费用及支付方式。

⑧保险金赔偿或给付方式。

⑨违约责任和争议处理。

⑩订立合同的年、月、日。

⑪投保人和保险人可以约定与保险有关的其他事项。

至此，一份完整的保险合同的基本要素大致上清楚了，投保人在投保之前需要明确这些基本要素，包括内容的真实性和准确性，在完全确认之后才能签订合同。如果对合同中的内容存在认识不清或者模棱两可的情况，需要进一步了解，确认之后再签订，否则有可能让自己遭受损失。

🎇 ⓞⓩ 明白购买保险的顺序

很多人不了解保险顺序，觉得买保险就买保险，哪里还讲究什么顺序呢？实际上，保险顺序是非常重要的。

首先，市面上的保险类型有很多，人寿保险、意外保险及重疾保险等，不同类型的保险，能给人提供不同程度的保障，但是很多家庭限制于预算等多方面的原因，不能全部购买，所以，需要做好规划，制订保险购买顺序，花最少的钱，得到最大程度的保障。

其次，家庭中的成员众多，在预算不足的情况下，还应该做好购买保险的人员顺序，包括自己、父母及子女，应该如何排序？

所以，购买保险的顺序要从两个方面来考量：一是保险产品顺序；二是购买保险的人员顺序。对此，我们进行以下讨论。

（1）保险产品顺序

保险按照其性质划分，可以分为社会保险和商业保险。其中商业保险按照其属性又可以分为保障型保险、储蓄型保险和投资型保险；而保障型保险按照保险的内容不同又可以分为医疗险、意外险、寿险和重疾险。

这么多的保险类型，我们首先应该购买社会保险，再考虑商业保险。社会保险是所有保险的基础，是每个人都应该优先配备的保险品种，只有在社会保险购买完成的情况下，才能进一步考虑商业保险作为补充。

其次，在商业保险中，对于保障型保险、储蓄型保险和投资型保险三种保险的选择，按照风险管理的一个基本原则是重点保障可能对家庭造成巨大损失的风险，所以，优先选择保障型保险。在家庭成员保障完全的前提下，再考虑储蓄型保险和投资型保险产品。

最后，在保障型保险产品中，应先防止意外，因为无论家庭是富裕，还是贫穷，都有可能发生意外，并且意外带来的伤害往往是难以估量的。而意外险保障的范围正好包括突发事故，这样，如果有了意外险的保障，至少可以减少家庭的经济负担。

除了意外之外，疾病也是家庭可能会经常面临的风险之一，且因治疗疾病而花费的高昂费用让不少家庭都难以承受，因此，如果有了医疗险和重疾险就能规避因疾病带来的一系列风险。所以，接下来应该考虑疾病保障，在保障了意外和疾病风险后，如果还有余地，可以考虑一下寿险。

因此，保险类型的选择顺序应该是：意外险 > 疾病险 > 寿险。

（2）购买保险的人员顺序

家庭中的每一个成员都非常珍贵，我们都希望能够根据每一个成员的特点为其配备适合的保险。但事实上保险的花费并不低，很多家庭都很难实现为每个成员配备完善的保险。此时，很多人认为孩子是家庭的希望，应该首先给孩子购买保险，而自己身体还健康，抵抗风险的能力强，不用急着买保险，所以他们认为保险购买顺序为先孩子、父母，然后是自己。

但实际上，保险购买应首先满足顶梁柱的需要，因为他们是家庭中的经济来源，也是家庭生活的保障，一旦发生意外，将对家庭造成重要的影响。所以，为了家庭能够获得足够的保障，提高风险抵御能力，应该先保障家庭顶梁柱。在大人保障全面的情况下，可以为孩子购买保险。

所以，家庭购买保险的人员顺序为：大人 > 孩子。

04 有了社保还需要购买商业保险吗

有了社保之后还需要购买商业保险吗？这是很多人对保险配置的疑惑。为了理清这一问题，首先我们需要了解什么是社保。

社会保险是指国家通过立法，按照权利与义务相对应的原则，多渠道筹集资金，对参保者在遭遇年老、疾病、工伤、失业、生育等风险的情况下提供物质帮助（包括现金补贴和服务），使其享有基本生活保障，免除或减少经济损失的制度安排。

社会保险主要包括五大险：养老保险、医疗保险、失业保险、工伤保险和生育保险，具体如下：

养老保险。全称为社会基本养老保险，即由社会统筹基金支付的基础养老金和个人账户养老金组成，是国家和社会根据一定的法律和法规，为解决劳动者在达到国家规定的解除劳动义务的劳动年龄界限，或因年老丧失劳动能力退出劳动岗位后的基本生活而建立的一种社会保险制度。当人年老退休不能继续工作，缺乏收入来源时，可以按月领取养老金。

医疗保险。医疗保险是为了补偿劳动者因疾病风险造成的经济损失而建立的一项社会保险制度。通过国家立法，按照强制性社会保险原则，基本医疗保险费应由用人单位和职工个人按时足额缴纳。职工因疾病、负伤医疗，可以进行医疗报销，减轻职工的就医压力。

失业保险。失业保险是指国家通过立法强制实行的，由社会集中建立基金，对因失业而暂时中断生活来源的劳动者提供物质帮助的制度。也就是说，职工因为失业而暂时失去生活来源时可以领取失业保险金，渡过生活难关。

工伤保险。工伤保险指劳动者在工作中或在规定的特殊情况下，遭受意外伤害或患职业病导致暂时或永久丧失劳动能力及死亡时，劳动者或其遗属从国家和社会获得物质帮助的一种社会保险制度。也就是说，如果劳动者因为工作出现工伤，工伤保险可以支付治疗费用、生活护理费、伤残补助费及伤残津贴等。

生育保险。生育保险是国家通过立法，在职业妇女因为生育子女而暂时中断劳动时由国家和社会及时给予生活保障和物质帮助的一项社会保险制度。主要包括两项：一是生育津贴；二是生育医疗待遇。

根据上面的介绍可以了解到，社保的保障内容比较全面，涵盖养老、医疗、失业、工伤及生育五个方面，能对我们的基本生活起到一个保障作用。然而，社保作为我国保障体系中的一环，虽然保障内容很全面，但是不太深，可以起到基础的保障作用，但是想要彻底实现抵御风险的目的，显然仅依靠社保是不够的。

其中最为突出的就是医疗保险，很多人购买商业保险作为补充保险，购买的也是医疗保险。这是因为国家医疗保险的目的是尽可能让所有老百姓获得基本的医疗保障，但中国人口基数太大，要做到全民免费医疗不太现实，所以，医疗保险报销的比例和范围都有不同程度的限制，例如进口药不可报销。因此，如果不幸患了重大疾病，单靠社保的医疗保险并不能完全支付巨额的医疗费用，此时如果投保人还购买了商业保险，就能进一步享受社保范围之外的医疗保险费用报销。

所以，社会保险的基本医疗保险并不能完全代替重大疾病保险。因为基本医疗保险和重大疾病保险的作用不同。投保人在已经有了基础社保的情况下，如果资金比较充裕，可以购买商业保险来对社保进行补充，弥补不能报销的自费用药，使我们自己的医疗保障可以更全面。

05 保险理赔攻略，理赔一点儿也不难

对于购买保险，大家担心最多的就是理赔，尤其是商业保险，很多人担心出险后得不到应有的赔付。这是因为大家对保险及保险理赔了解得不多，所以很容易产生理赔纠纷。

这里，大家首先要明确一个问题，理赔其实并不难，只要符合理赔条件，不存在故意骗保的行为，通常都可以顺利理赔。那么，为什么有人会理赔失败呢？实际上，保险理赔失败的原因主要包括以下几点：

◆ 隐瞒健康告知

商业保险中的健康保险的售卖对象为身体健康的人，这样才符合大多数原则，即让大多数身体健康的人来负担小部分重病患者的医疗费用。所以，在购买健康类保险时，都会询问被保险人的健康状况。此时，投保人应该秉持诚信原则据实回答，否则后期出现问题，保险公司是不会进行理赔的。

◆ 未达到理赔程度

未达到理赔程度通常发生在重疾险中，很多人认为购买了重疾险就能抵御风险、高枕无忧了。实际上，很多重疾险种对理赔的程度做出了明确规定，如果未达到理赔的程度，保险公司是不会理赔的。

重疾险中比较常见的四种理赔状态如下：

①确认即赔，比如恶性肿瘤。

②病情达到某种程度，例如深度昏迷。

③实施某种特定手术，例如重大器官移植。

④疾病状态达到约定时间，例如脑中风后遗症达到 180 天。

也就是说，如果被保险人患了重疾，例如肿瘤，但检查结果为良性，那么保险公司就不会理赔。所以，投保人在投保时除了选择保险种类之外，还要仔细查看合同内容，包括理赔内容和状态等。

◆　免责范围内不赔

保险产品中通常会明确规定一些特定情况下的免责范围，在这些范围内保险公司是不赔付的，例如故意犯罪、酒驾、自杀等。

◆　等待期内出险不赔

保险的作用是转移未来的风险，保险公司为了防止投保人带病投保来骗保，都会设置等待期，也叫观察期。投保重疾险后一般有一个 180 天的等待期，如果在这半年内被保险人得重疾的话，保险公司是不会进行理赔的。

◆　费用未达到理赔标准

有些保险是有一定的免赔额或免赔率的，也就是说，只有损失的金额或报销的账单数目超过这个免赔金额的部分才能获得赔偿。通常这类情况发生在百万医疗险中，如果治疗费用在免赔额内，就无法理赔报销。

虽然理赔失败的原因多种多样，但总体来看，只要符合以下四项理赔标准，保险公司都会进行理赔。

①保险合同真实有效，包括投保人在投保时真实告知身体情况，并在保险期限内按时交纳保费，不断档。

②属于保险合同约定的保险范围责任。只要符合保险合同约定的保险责任范围，保险公司都有理赔义务。

③不属于责任免除范围。责任免除范围是保险产品不赔付的范围，例如酒驾等，只要确定不属于责任免除范围，保险公司就有理赔义务。

④保险事故属实，不存在骗保、欺诈嫌疑。

除了需要明确保险公司理赔标准之外，投保人还需要了解理赔的相关流程，这样才能让理赔更顺畅，图 6-1 所示为保险理赔的流程示意。

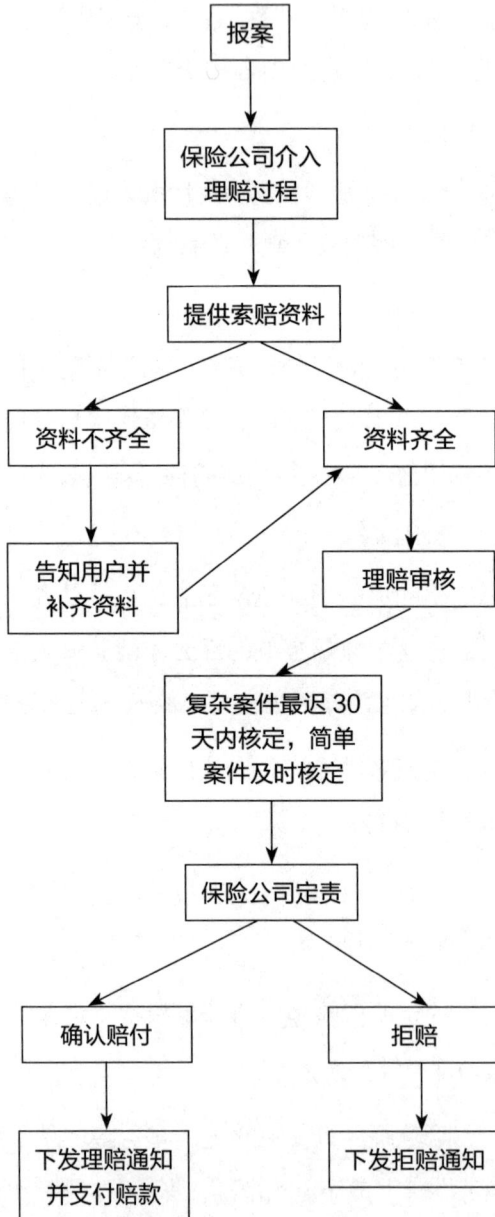

```
                    ┌──────────┐
                    │   报案    │
                    └──────────┘
                          │
                    ┌──────────┐
                    │ 保险公司介入 │
                    │  理赔过程   │
                    └──────────┘
                          │
                  ┌────────────┐
                  │  提供索赔资料  │
                  └────────────┘
                    ╱          ╲
           ┌──────────┐    ┌──────────┐
           │  资料不齐全  │    │  资料齐全   │
           └──────────┘    └──────────┘
                 │               │
           ┌──────────┐    ┌──────────┐
           │ 告知用户并   │    │  理赔审核   │
           │  补齐资料   │    └──────────┘
           └──────────┘          │
                       ┌──────────────┐
                       │ 复杂案件最迟 30 │
                       │ 天内核定，简单   │
                       │ 案件及时核定    │
                       └──────────────┘
                              │
                       ┌──────────────┐
                       │  保险公司定责   │
                       └──────────────┘
                         ╱          ╲
                ┌──────────┐    ┌──────────┐
                │  确认赔付  │    │   拒赔    │
                └──────────┘    └──────────┘
                     │               │
                ┌──────────┐    ┌──────────┐
                │ 下发理赔通知 │    │ 下发拒赔通知 │
                │ 并支付赔款  │    └──────────┘
                └──────────┘
```

图 6-1　保险理赔流程

从上述流程图中我们可以看到，投保人只需做好关键的三步即可完成理赔。

①出险后我们应立即向保险公司报案，明确告知保险公司出险情况，然后咨询保险公司工作人员需要准备哪些理赔材料。

②提供理赔资料。这是非常重要的一步，如果准备的资料有误或是不全，都会直接影响理赔，通常保险公司会有专人指导，按照保险公司的要求提交即可。表 6-1 所示为理赔常见资料，仅作参考。

表 6-1　保险理赔的资料

资料类型	内　　容
基础性理赔资料	1. 保险合同 2. 银行卡复印件 3. 理赔保险金申请书 4. 被保险人身份证正反面
未成年人出险需提供的基础性资料	1. 银行卡复印件 2. 监护人身份证正反面 3. 监护人与被保险人关系证明（出生证、户口本均可）
被保险人身故需提供的基础性资料	1. 银行卡复印件 2. 受益人身份证正反面 3. 受益人与被保险人的关系证明（结婚证、户口本、公证书均可）
重大疾病理赔资料	1. 住院病历复印件 2. 该疾病确诊相关的病理报告 3. 与该疾病相关的门诊病历复印件 4. 疾病诊断证明书原件（盖有诊断专用章）
意外及疾病医疗理赔资料	1. 完整住院病历盖章复印件 2. 门诊病本复印件、检查报告单 3. 住院发票原件、费用清单 4. 门诊发票原件、费用清单
疾病身故理赔资料	1. 发票原件、费用清单原件 2. 抢救的病历复印件、检查报告单 3. 被保险人死亡三证（死亡证明、丧葬证明、户籍注销证明）

续表

资料类型	内　　容
全残／伤残 理赔资料	1. 发票原件、费用清单原件 2. 住院医疗期间病历复印件、检查报告单 3. 伤残鉴定报告原件（按条款约定鉴定标准） 4. 警方或其他相关部门的书面意外事故证明材料
意外身故理赔资料	1. 发票原件、费用清单原件 2. 抢救的病历复印件、检查报告单 3. 被保险人的死亡三证（死亡证明、丧葬证明、户籍注销证明） 4. 警方或其他相关部门的书面意外事故证明材料

③配合保险公司的调查工作。一般材料提交后，保险公司会有专门的核赔人员进行审核，如果案件简单、金额较小，通常几天内就能处理完成。但是，如果保险公司存在异议，则会和被保险人或受益人进行沟通，做进一步调查，此时我们只要做好配合工作即可。

综上所述，可以看到理赔并不是那样难，保险合同的理赔只要符合保险条款的规定，做到投保时如实告知健康状况，该赔的都会赔，所以，投保人不要过度担忧。

第 19 课　保障与理财二合一更方便

市面上有一类保险产品，它将保险与理财相结合，在为投保人提供相应保障的同时，也向其提供了投资理财功能，使得投保人既能获得保险保障，也能享受投资收益。这样的保险产品更适合有投资理财想法的投保人。

01 投资分红险享受分红收益

从字面理解，投保人能够得到分红的保险就是分红险。从概念上来理解，分红险就是保险公司在每个会计年度结束后，将上一会计年度该类分红保险的可分配盈余，按一定的比例、以现金红利或增值红利的方式，分配给客户的一种人寿保险。

我们可以将其简单理解为保险公司盈利之后，将其中的一部分盈利额分给购买了保险的投保人。这样，投保人不仅可以获得保险保障，还有分红收益，一举两得，所以受到许多投保人的青睐。目前市面上热门的分红险类型主要有三类，如表 6-2 所示。

表 6-2　分红险类型

分红险类型	内　　容
终身寿险（分红型）	终身保障，每年保险公司如果有可分配盈余，则享有分红
年金险（分红型）	生存年金险，在领取生存金的同时，每年还可以领取保险公司可分配盈余的分红
两全保险（分红型）	保障期间出险赔付，到期没出险领取满期金，同时每年可享有保险公司的可分配盈余分红

这些分红险看起来很不错，既能满足保障需求，又能坐享分红。不过想要知道分红险到底值不值得购买，投保人应认真了解分红险的红利，包括红利的来源有哪些？是否稳定？以及这些红利的分配情况等，这些都与投保人的收益直接相关。下面我们来一一详细了解。

（1）分红险的红利来源

分红险中的红利来源指保险公司的可分配盈余，主要有三个：死差益、利差益和费差益。具体如下：

①死差益是指保险公司实际的风险发生率低于预计的风险发生率，即实际死亡人数比预期死亡人数少时产生的盈余。例如某保险公司预计今年 30 个人死亡，预备了 3 000.00 万元的赔偿金额，但实际死亡人数只有 25 人，

实际赔付 2 500.00 万元，剩余的 500.00 万元就是死差益。

②利差益是指保险公司实际的投资收益高于预计的投资收益时产生的盈余。例如，某保险公司预计今年可以赚取 8 000.00 万元，但实际经营良好，最终赚了 9 000.00 万元，其中形成的 1 000.00 万元差额就是利差益。

③费差益是指保险公司实际的营运管理费用低于预计的营运管理费用时产生的盈余。例如，某保险公司预计今年的运营管理费为 1 000.00 万元，但是由于管理优化、成本控制，实际运营费用只用了 800.00 万元，那么结余下来的 200.00 万元就是费差益。

需要注意的是，分红险的红利主要来源为以上三个，但实际上并不是所有分红险产品的红利来源都包括上述项目，有的产品会注明红利来源仅有死差益和利差益两项，所以，我们在购买时需要查看清楚红利来源。

（2）红利分配多少

根据银保监会的规定：保险公司每一个会计年度向保单持有人实际分配盈余的比例不低于当年可分配盈余的 70%。

这里需要注意的是，"可分配盈余"与保险公司的利润是两个不同的概念，也就是说，并不是保险公司的盈利多，分红险的分红红利就多，而是保险公司的可分配盈余多，分红险的分红红利才多。

最为重要的是，保险公司的可分配盈余是不确定的，有可能多，也可能为 0，最终投保人能够得到多少分红并不能保证，要根据保险公司的实际经营状况而定。而保险公司在经营该保险业务过程中所产生的利润是不确定的，并不能保证每期都有，投保人在购买之前也要明确这一问题。

（3）红利的分配方式

分红险的红利分配方式有两种，即美式分红（现金分红、保费分红）

和英式分红（保额分红），两者的对比如表 6-3 所示。

表 6-3　美式分红与英式分红的比较

项　　目	美式分红（现金分红）	英式分红（保额分红）
分红方式	保费分红	保额分红
概念	每个会计年度结束后，寿险公司首先根据当年度的业务盈余，由公司董事会考虑指定精算师的意见后决定当年度的可分配盈余，各保单之间按它们对总盈余的贡献大小决定保单红利	以增加保单现有保额的形式分配红利，保单持有人只有在发生保险事故、期满或退保时才能真正拿到所分配的红利
定义	以所交保费为基础进行分红	以保额为基础进行分红，将当期分红增加至保单现有保额之上
红利作用	现金领取、累积生息、抵交保费、交清增额	年度红利保额、满期红利
红利分配比例	可分配盈余的 70% 以上未分配盈余不再分配	可分配盈余的 90% 以上产生年度红利未分配盈余的 90% 以上产生满期红利
公司分红方式	平安人寿、中国人寿	太平人寿、太平洋人寿

简单来说，美式分红法的分红，投保人可以直接领走，但是因为大部分的投保人都没有领走这个分红，所以衍生出多种分红处理方法，例如累积生息、交清增额及抵交保费等。

而英式分红法的分红，保险公司不将分红直接分配给投保人，而是自动回到保单里，相当于增加了这份保险的保额，同时，保险的现金价值也增加了。

两种分红方式并没有优劣之分，投保人最终选择哪一种分红方式取决于你和家庭对未来现金流的规划。如果在规定时间内有资金需求，比如孩子上学，退休的生活费补充等，一般选择现金分红。但如果未来现金流充裕，那么可以选择保额分红。

下面来看一个具体的分红险产品。

理财实例

阳光财富年金保险 B 款（分红型）

阳光财富年金保险 B 款（分红型）是由主险阳光人寿阳光财富年金保险 B 款（分红型）和附加险阳光人寿附加相伴年金保险（万能型）组合而成。

该款保险的产品特色主要有以下三点：

①双返还：年金返还和保费返还

犹豫期结束次日生存返还基本保额的 10%，60 周岁前每个保单周年日生存返还基本保额的 10%，60 周岁开始至 100 周岁每个保单周年日生存返还基本保额的 20%，幸福生活年年享。

合同满期返还所交保险费，资金投入安全安心。

②双收益：分红收益和万能收益

投保人享受保单分红，共享阳光保险公司经营成果。

生存金和保单红利自动进入万能账户，复利累积，万能账户最低保证利率为年利率 2.5%，上不封顶。

③双保障：豁免保障和风险保障

投保人意外身故或全残可豁免续期保险费。

被保险人享有不低于所交保险费的身故保障。

这里我们重点来看该保险的分红部分，主要包括以下四点：

◆ 投资策略

采取稳健的投资理念，根据各类资产的风险收益差异进行筛选组合，在控制风险的同时获得长期稳定收益。投资范围主要包括政府债券、金融债券、银行存款等固定收益和股票、基金等权益类投资工具，以及法律法规或监管部门允许投资的其他投资工具。

◆ 分红来源

分红来源于利差、死差、费差等。利差指实际投资收益率和评估利息率的差异；死差指实际死亡率和评估死亡率之间的差异；费差指实际费用与评估费用之间的差异。

◆ 红利分配

主合同的红利分配方式为现金红利。在主合同的有效期内，按照保险监管机关的有关规定，每年根据分红保险业务的实际经营状况确定红利分配方案，保证分配比例不低于当年度公司分红账户可分配盈余的 70%。

◆ 红利领取

红利可进入《阳光人寿附加相伴年金保险（万能型）》累积生息。在本合同有效期内，您可以选择变更为购买交清增额保险的红利领取方式，即根据被保险人当时的年龄，将红利作为一次交清的净保险费，增加基本保险金额。

从案例中可以看到，该分红险同时具备保障和投资两种功能，作为分红险，最突出的特点在于，投保人除了可以得到传统保单规定的权益之外，还可以享受保险公司的经营成果。

02 万能险灵活多变更便捷

万能险与传统寿险一样能给投保人提供生命保障，不同的是，它还可以让投保人直接参与由保险公司为投保人建立的投资账户内资金的投资活动，保单价值与保险公司独立运作的投保人投资账户资金的业绩直接挂钩。

实际上，万能险为投保人建立了两个账户，即保障账户和投资账户，保障账户为投保人提供保险保障，而投资账户为投保人争取风险收益。同时，为了保障投保人的收益，万能险还设立了保底收益，也就是说，投保人最低可以获得的投资收益率。

所以，投保人交纳的保费会流入两个账户中运作，图 6-2 所示为万能险运作示意。

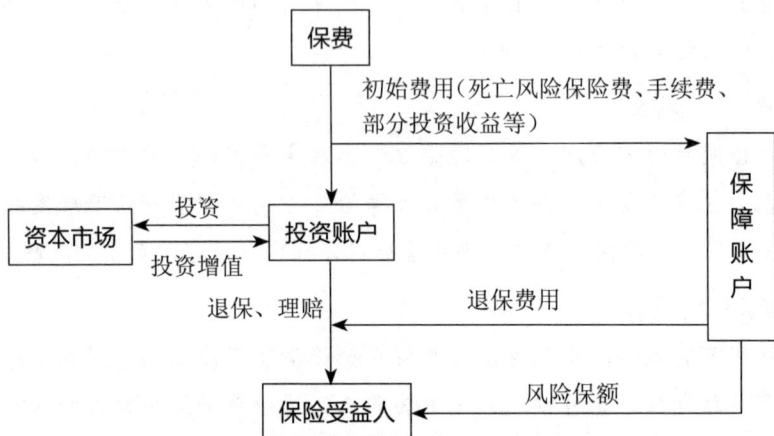

图 6-2　万能险的运作示意

从万能险的运作示意可以看到，万能险的运作流程如下：

投保人交纳保费后，保险公司首先扣除初始费用，然后剩余的保费会分别进入保障账户和投资账户。保障账户主要目的是对投保人的人身安全起到保障作用，而投资账户中的资金则进入资本市场进行投资。保险受益人的最终受益为所交保费除去初始费用、手续费及保障成本之后的所得。

万能险的特点在于"万能"二字，它是怎么来体现的呢？其实，万能险的本意并不是万能，而是灵活，因为它具有灵活的特点，将更多的主动权和选择权给予投保人，所以才显得万能。具体来看，万能险主要具有以下几个方面的灵活特点：

保障灵活。万能险的本质为保险，所以具有保障的功能，但除了主要的身故保障之外，它还可以附加重疾、医疗、意外等保障，所以会有前面提到的风险保障成本。投保人可以在规定的范围内按照自己的意愿调整保障额度，自由选择保障额度，并提出申请进行调高或调低，当然对应的风险保障成本也会随之增加或减少。所以保障非常灵活，完全由投保人的意愿主导。

交费灵活。万能险的交费非常灵活，没有强制性的规定，支付首期保费之后，就可以往保单账户中追加保费投资，之后任意时间投保人都可以随时追加。如果没有约定交费期限，支付首期保费后，原则上可以不再交保费，只要保单账户价值不为 0，合同会一直有效。但多数万能险会和投保人约定最低交费期限，一般为 3 ～ 10 年。

领取灵活。万能险种的保单账户价值金额可以随时领取，非常便捷。但是需要注意的是，通常投保人在前期领取账户价值，会收取一定的手续费，后期领取则不用收取手续费。

收益灵活。万能险的投资账户由保险公司单独运作，会给到投保人一个保底收益率，通常保底收益率为 2.5%。当投资所获收益率高于保底利率，高出的部分保险公司会与投保人按一定比例分享。但是高出保底收益的部分是不保证的。

综合来看，万能险的运作就是围绕保单账户，通过保障账户与投资账户实现保障与理财的功能，达到"万能"的目的。万能险更适合缺乏理财能力，又有保障需求的投资者，这样的保险更符合他们的期望。

下面来具体了解一款万能险产品。

理财实例

阳光 E 宝年金保险（万能型）

阳光 E 宝年金保险（万能型）是一款由主险阳光人寿阳光 E 宝年金保险（万能型）和附加险阳光人寿附加阳光 E 宝重大疾病保险构成的万能型保险。

该产品的特点主要包括以下两点。

①保障全面。该产品为投保人提供了全面的保障，包括飞机乘客意外身故保险金、其他身故保险金、满期保险金、投保人意外身故豁免保险费、重大疾病保险金。

②受益多。该产品提供每年账户价值 2.5% 的最低保证利率、满期时确定的持续奖金及期满时可能的满期特别奖金。

这里我们重点对产品中的万能账户进行介绍，主要内容包括以下四点：

◆ 投资收益

最低保证利率为年利率 2.5%。

◆ 投资理念

采取稳健的投资策略，根据对利率及证券市场的判断，调整资产在不同投资工具的比例及匹配一定比例的指数化投资策略，追求账户资产的长期稳定增值。

◆ 投资范围

符合规定的各类投资品种。

◆ 投资风险

各类投资品种的风险，比如基金市场风险、利率风险、企业债券信用风险是影响本账户投资回报的主要风险。

根据案例中的万能险可以看到，该产品除了同传统的人寿保险一样给予被保险人生命保障之外，还让投保人直接参与由保险公司为投保人建立的投资账户内资金的投资，以追求账户资产的长期稳定增值。为了保障投保人的利益，保险公司承诺了最低年利率 2.5% 的投资回报，实际具体的收益状况要根据保险公司的专业投资人员的投资运作情况来确定。

正是因为万能险具备保障全面兼投资理财的特点，又有保底收益做保障，才使得万能险在众多投保人中的人气居高不下，非常适合一些有保障需求和投资理财想法的投保人。

03 投资和保险结合的投连险

投连险从名称上来理解就是投资连结保险，顾名思义就是集保障与投资于一体的保险产品。投连险的保障主要体现在被保险人被保险期间身故，会获得保险公司支付的身故保障金，同时通过投连附加险的形式也可以使用户获得重大疾病等其他方面的保障；而投资则是指保险公司使用投保人的保费进行投资，获得收益。

在投连险中，相比保障，其投资的功能更强。投连险运作模式与基金类似，就是将客户交纳的保费扣除成本后放入保险公司专门的投资账户中，并由保险公司的投资专家进行投资，投资获取的预期收益扣除成本后全部归客户所有，同时风险也由客户自己承担。

为了迎合不同风险类型的投资者，投连险通常会提供多个投资账户供投保人选择，不同的投资账户其投资风险程度不同，投保人可以自行选择保险费在各个投资账户的分配比例。尽管投连险通常会为投保人提供多种类型的投资账户供其选择，但是总体来看主要分为三种类型，即进取型、稳健型和保守型。

①进取型投资账户包括股票和债券投资，其中以股票为主，具有高风险和高预期收益的特点。

②稳健型投资账户同样包括股票和债券，不同的是稳健型投资账户主要以债券为主，追求稳健的预期收益，同时也能承担一定的风险。相比进取型的投资账户，稳健型投资账户的风险较小。

③保守型投资账户主要是以存款、货币基金为主，同时也包括股票和债券。其特点是风险低、预期收益低。首先考虑避免亏损，预期收益是其次的。

所以，三类账户的投资风险比较为：进取型＞稳健型＞保守型；预期收益率比较为：进取型＞稳健型＞保守型。

总的来看，投连险具有以下三个特点：

◆ 投连险的投资功能明显，甚至以投资为主，保险公司收到保费后会给投保人设定单独的投资账户，投保人可以根据自己的风险承受能力选择不同的账户进行投资。

◆ 投连险同基金一样，都是由专业的投资人来做投资，相比个人投资，可以使投资更稳健。

◆ 由于保险公司经营风险的释放，因此对保户的保障程度有所提高。

下面来看一个实际的投连险产品。

理财实例

泰康财富有约终身寿险（投资连结型）

寿康财富有约终身寿险（投资连结型）是一款投连险，它的保险保障部分内容如下：

一、被保险人因意外伤害导致身故或于合同生效日起 180 日后非因意外导致身故，保险公司给付基本保险金额 ×（1+ 风险保险金额比例）为身故保险金，合同终止。

其中，"风险保险金额比例"的取值如下：

① 0 ～ 17 周岁，金额比例为 0。

② 18 ～ 40 周岁，金额比例为 60%。

③ 41 ～ 60 周岁，金额比例为 40%。

④ 61 周岁以上，金额比例为 20%。

二、被保险人在合同生效之日起 180 日内非因意外伤害导致身故，保险公司按基本保额给付身故保险金，合同终止。

除此之外，寿康财富有约终身寿险（投资连结型）的投资部分提供 6 个投资账户，投资者可以根据自己的风险承受能力进行选择。

1.悦享配置投资账户：中低风险收益，适合中低风险承受能力的投资者，主投资于固定收益类资产。

2.积极成长型投资账户：谋求账户资产的长期积极增长，适用于风险承受能力很强的投资者。

3.进取型投资账户：分享中国经济和资本市场成长的收益，谋求超越资本市场的平均收益水平，适合风险承受能力较强的投资者。

4.稳健收益型投资账户：追求账户资产的长期稳定增值，适合追求低风险下获取稳健收益的投资者。

5.稳盈增利投资账户：获取固定收益组合的稳定收益，追求账户资产的长期稳健增值，适合中低风险承受能力的投资者。

6.货币避险型投资账户：在确保本金安全和高流动性的前提下，追求投资账户资产的逐步增值，适合追求低风险下保证资产安全的投资者，或可作为客户其他账户资产价值的临时保值场所。

从案例可以看到，泰康财富有约终身寿险并不是把所有的资金全部放进投资账户，而是将资金分成两个部分：一部分用于保险保障；另一部分用于投资增值。此外，保险公司还会收取一些管理费用。

同时，泰康财富有约终身寿险为投保人提供了多个投资账户，每个账户具有不同的投资策略和投资风险，投保人可以根据自己的风险承受能力选择设置不同的投资组合，这样可以降低投资的风险。

需要注意的是，收益与风险并行，任何投资都会有风险，投连险也不例外。如果投保人不能接受买保险也可能赔钱的事实，那么投保人就不适合购买投连险。

其次，喜欢追涨杀跌频繁交易、赚取短线获利机会的投资者也不适合投连险，因为前期投连险频繁进出会交纳一定的手续费，成本较高。以泰康财富有约终身寿险为例，持有三年之后退保才不会有手续费。所以，投连险更适合有长期闲置资金，并且相信专业机构投资人，期望获得稳定投资收益，且具有一定风险承受能力和投资经验的投资者。

⓸ 年金险提前为养老做好规划

年金险是指投保人或被保险人一次或按期交纳保险费，保险人以被保险人生存为条件，按年、半年、季或月给付保险金，直至被保险人死亡或保险合同期满的保险。

我们可以将其理解为：投保人在保险公司一次性或按期交纳一笔资金，在未来的某一段时间内，保险公司会定期返还资金给投保人，可以是每月、每个季度、每半年或者是每年。

也就是说，投保人用今天的盈余，给未来提前准备一笔持续稳定的收入，这一特点非常适合退休养老计划，投保人在自己年轻且收入稳定有结余的时候提前储备一定的资金，到年老退休没有固定收入来源时，保险公司按时返还的资金可以作为自己的一个固定收入。

因此，年金险主要具有以下五个突出的特点：

安全性强。年金险非常安全，年金险的合同条款中还会清晰地列示返还年金的时间、金额和方式，以及万能账户的保底利率。其次，保险公司必须按照法律规定提取责任准备金，而且保险公司之间的责任准备金储备制度保证，即使投保客户所购买年金的保险公司被合并，合并保险公司仍会为购买者分担年金给付。所以，年金险是非常安全的。

能够提供稳定的现金流。年金险最大的特点在于在未来的某一段时间内，保险公司可以为投保人提供比较稳定的现金流，直至终老，可以让投保人的老年生活得到保障。

强制储蓄。年金险是用现在的钱为未来的生活做打算，具有强制储蓄性，要求投保人一旦开始投保就必须长期坚持，如果在交费期还没结束时便退保则会产生损失，从而给人强制储蓄的动力。

缓解资金周转压力。年金险具有保单贷款的功能，最高可提供 80% 的保单现金价值，这一功能可以为投保人解决资金周转的压力。

专款专用。年金险在投保之初就确定的"何时用、谁可以用、用多少"这一系列问题，相当于为这笔钱打上了专属的标签，避免半途而废，将钱挪作他用的情况发生。

那么，年金险又是如何运作的呢？图 6-3 所示为年金险运作示意。

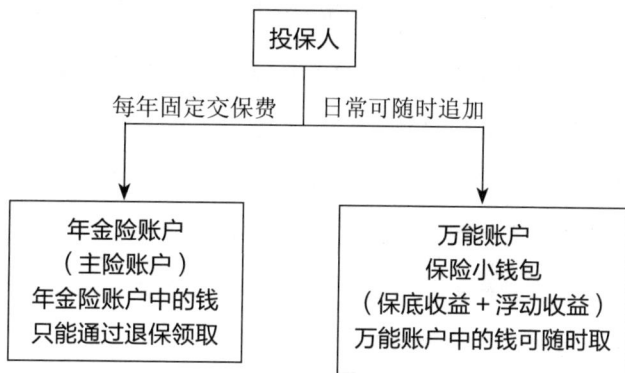

图 6-3 年金险运作示意

从图 6-3 可以看到，投保人购买年金险之后，保险公司会给投保人设立两个账户：年金账户和万能账户，它们的功能具体如下：

◆ **年金账户：**在约定的年限，保险公司返回的钱会进入此账户。

◆ **万能账户：**如果返还的钱受益人不领取，资金就会自动进入万能账户，实现二次增值。

其中，最为重要的是万能账户，这个账户可以理解为保险公司为投保人设立的个人小账户，在这个账户里面的资金可以享受保底利率，也可以灵活支取，还可以复利生息，追加投资，功能灵活全面，所以称为万能账户。

万能账户中的资金来源主要包括三个方面，具体如下：

①开立账户时，存入资金，即投保人在投保开立万能账户时向其中存款。

②约定期限，年金账户中的返还资金，如果受益人不领取，则自动转入万能账户中。

③投保人追加的金额，投保人如果觉得万能账户的收益不错，愿意继续投资，可以追加金额。

资金进入万能账户之后，投资者就要关注它的收益情况了。对于万能账户的收益，通常我们会接触到三个利率，即保底利率、结算利率和演示利率。

◆ 保底利率指写在合同中明确规定的，必须达到的利率，也是投资者能够获得的最低收益率。

◆ 结算利率指保险公司实际结算利率，结算利率的高低与保险公司的经营情况直接挂钩，只有到结算时才能确定。

◆ 演示利率是在购买年金险时，进行收益试算时的利率，通常分为低、中、高三档，主要用于参考。

总的来看，年金险万能账户收益的特点为：有保底，会浮动，以实际为准。

最后，万能账户中的资金可以随时领取，非常灵活便捷，资金流动性强。但是在领取时，投资者需要注意的一点是，有的年金险的万能账户领取有限制条件，例如每年领取金额不能超过已交保费的 20%，所以在投保和领取时要注意查看。

下面来看一个具体的年金险产品。

理财实例

至尊鑫满意年金保险（分红型）

至尊鑫满意年金保险（分红型）是太平洋人寿的一款理财险，其本质为分红型的年金险＋万能险的产品组合，也就是双主险的形式。

该产品的投保说明如下：

1. 承保年龄：出生 5 天～ 58 周岁

2. 交费期间：3/5/10 年交

3. 保障期限：可选，至 60/65/70/75/80/85/90/95/100 周岁

该产品的特色包括以下四点：

1. 前期高额祝贺金给付，资金快速进入万能账户，提前锁定收益。

2. 万能账户收益上不封顶，下设保底。

3. 保费满期返还，投保人可灵活选择返还保费年龄。被保险人身故或期满均可拿回全部保费。

4. 投保时被保险人未满 18 周岁的，若交费期内投保人因意外身故或全残，在被保险人 30、31 周岁时分别领取一笔创业婚嫁陪伴金。

假设一位母亲为其 0 岁的宝宝购买至尊鑫满意年金保险，每年交费 10.00 万元，3 年交，保险期限至 100 岁，选择养老金执行权。那么，这份保单的收益如下：

1. 祝贺金：分别于第 5 个及第 6 个合同生效日对应日给付 50 000.00 元。

2. 祝福金：自第 7 个合同生效日对应日起，每年给付 4 070.00 元，直至 59 周岁的合同生效日对应日。

3. 养老金：自年满 59 周岁的合同生效日对应日起，每年给付 11 590.00 元，直至 104 周岁的合同生效日对应日。105 岁期满时，给付 11 590.00 元。

4. 创业婚嫁陪伴金：如果在交费期间内，投保人遭受意外伤害导致身故或者全残，分别在被保险人年满 30 及 31 周岁的合同生效日对应日给付 50 000.00 元。

5. 红利：合同有效期内，可参与公司红利分配。

6. 身故或全残保险金：

①年满 59 周岁后的首个合同生效日对应日（不含）前：按已支付的保险费总额与现金价值较大者给付。

②年满 59 周岁后的首个合同生效日对应日（含）起 20 个保单年度内：按 20 个保单年度内应给付的养老金总额与累计已给付的养老金金额两者之间的差额，与确定身故或全残时合同保险单的现金价值较大者给付。

③年满 79 周岁后的首个合同生效日对应日（含）后：不给付身故或全残保险金。

如果年金返还部分的资金没有被领取，这笔资金就会进入万能账户，并按照一定的利率进行复利增值，同时投保人也可以随时向万能账户追加资金。

至尊鑫满意年金保险可以搭配的万能账户有四个：传世赢家、传世管家、财富赢家和财富管家。其中：传世赢家和财富赢家的保底利率为 2.0%，传世管家和财富管家的保底利率为 2.5%。年交保费达到 3 万元以上才能选择传世赢家和财富赢家万能账户。

总的来看，年金险是一种安全、稳定、可靠的保险理财，非常适合做养老规划，尽管和很多的理财工具相比它的收益率并不算高，但是和普通的储蓄相比，其收益率也不低。所以，对于一些收入稳定、有养老计划的人来说，年金险是一个比较好的理财选择。

第7章

做好风险管理降低投资风险

　　投资理财除了需要选择适合自己的理财工具之外，还要讲究投资策略和技巧，这样才能降低投资风险，增大我们投资理财获益的概率，使投资理财更有实际意义。

第 20 课　投资理财的常见误区，你避开了吗

近年来，人们的理财意识越来越强，但是很多人对理财投资的知识却了解得太少，然后匆匆入市，这也让他们在理财投资的过程中走上弯路，甚至是走错路，给自己造成重大的经济损失。因此，这里来给大家介绍一些常见的理财误区，帮助大家避雷。

01 一把梭哈，追求高收益

梭哈是指将全部的资产作为赌注，一次性投注，这是孤注一掷的行为。在投资理财中，梭哈是最为忌讳的行为。这种行为背后透露的是投资者的赌徒心理，并且这种赌徒心理是极其严重的。

金融市场是一个按照数字和概率法则运行的市场，所以，无论是股价还是汇率波动都不会随个人意志转移，我们需要凭借市场信息、投资经验及相关理财知识来进行科学合理的判断。

但事实上，由于很多时候我们得到的信息可能不准确，且知识和投资经验有限，导致我们对未来的行情走势不能做到准确判断，从而不能准确地对投资行为进行评估。

价格走势分为两种状态，即上涨和下跌，未来的价格走向是一个概率问题，即上涨和下跌各有 1/2 的概率，一把梭哈则将全部的资产用于赌，可能赌对也可能赌错。对此，我们应该学会控制风险，管理仓位，避免一把梭哈，这样即便选择错误，我们还能保留一些资本能够打好翻身仗。

理财实例

一把梭哈妄想精准抄底，却被挂在半山腰

图 7-1 所示为贤丰控股（002141）2019 年 3 月至 2020 年 11 月的 K 线走势。

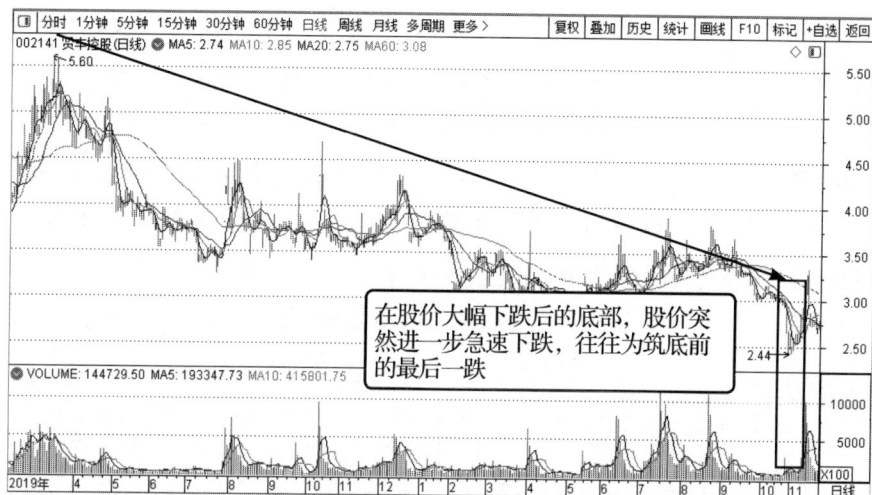

图 7-1　贤丰控股 2019 年 3 月至 2020 年 11 月的 K 线走势

从上图可以看到，贤丰控股在 2019 年 3 月股价见顶回落之后便转入下跌趋势中，开启一轮长期大幅深跌的行情。

贤丰控股经过 1 年多的下跌行情之后，跌势渐缓，2020 年 5 月甚至出现小幅回升迹象。当股价上涨至 3.80 元附近时受阻下跌，10 月底股价更是突然急速下跌。在股价久跌之后的低位出现急速下跌，很有可能是股价触底回升的信号。我们进一步查看该阶段的 K 线走势，如图 7-2 所示。

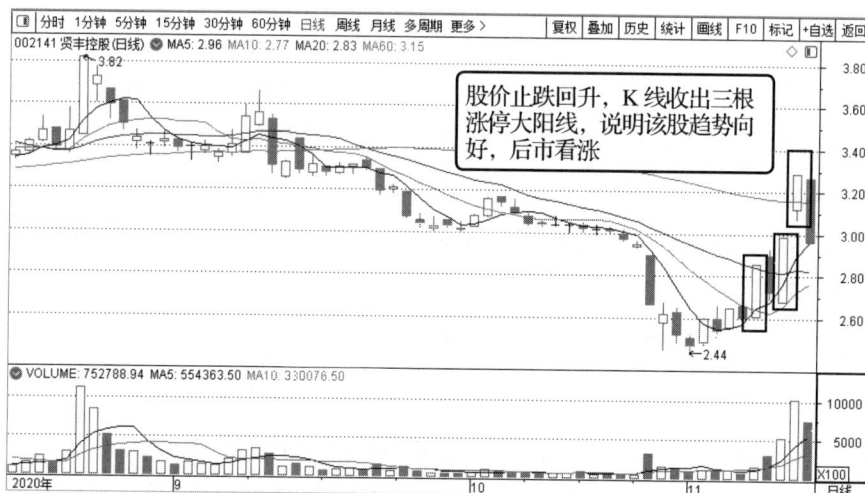

图 7-2　贤丰控股 2020 年 8 月至 11 月的 K 线走势

从图 7-2 中可以看到，2020 年 10 月下旬 K 线突然收出一根放量大阴线，进一步拉低股价，股价随后在 2.44 元位置筑底。紧跟着后面连续出现的涨停大阳线放量急速拉高股价突破 60 日均线，且多次出现均线金叉，说明该股的行情很有可能发生变化，后市即将迎来一波上涨，所以，此处为较好的抄底位置。某投资者发现该底部迹象之后，想要精准抄底，一把梭哈，所以在 3.20 元位置全仓买进。

图 7-3 所示为贤丰控股 2020 年 11 月至 2021 年 7 月的 K 线走势。

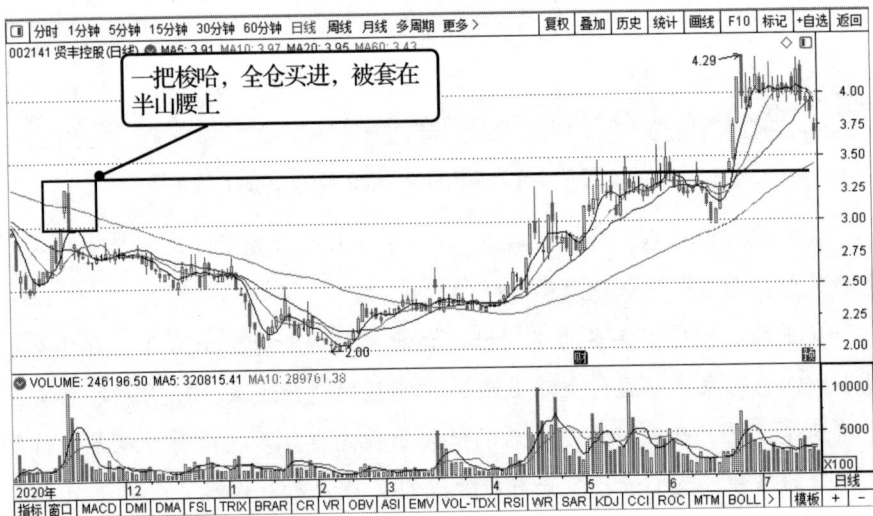

图 7-3　贤丰控股 2020 年 11 月至 2021 年 7 月的 K 线走势

从图 7-3 可以看到，贤丰控股在 2020 年 11 月的上涨仅维持了几个交易日，便止涨下跌继续之前的走势，且这一轮下跌持续了近三个月的时间，股价最终在 2.00 元位置筑底。随着 K 线走势形成典型的双重底形态之后，股价止跌回升，转入上升趋势中，且在 2021 年 6 月时最高上涨至 4.29 元。

如果投资者在 2020 年 11 月 3.20 元位置全仓买进，结果就是底部下面还有底，投资者被套在半山腰上，需要等到 2021 年 6 月下旬才能解套。

案例中的股市梭哈抄底是一个典型的假底部被套例子。我们在实际的投资中总会遇到这样的情况，种种迹象表明是一个很好的底部抄底信号，为了能够获得更高收益，所以，投资者往往在此时一把梭哈，但是行情没有最低只有更低。没有人能够精准地判断出最低点，我们能够做的只是在相对低的位置买进，采取资金分批买入，逐渐降低买进成本，才能避免被套在半山腰上的情况发生。

⓿2 为降低投资风险而错误分散

我们入市投资理财的第一天就常常会听到"不要将鸡蛋放在同一个篮子里"这句话，意思是通过分散投资来降低风险，利用不同投资之间的风险差异来进行资产配置，进而降低整体投资的风险。这句话本没有错，但是在实际投资中很多投资者对"分散"的理解却存在偏差。

（1）第一种错误：单一分散

有的投资者自身具备分散投资、降低投资风险的意识，但却没有正确理解分散的差异化，所以尽管他们将鸡蛋放在了不同的篮子中，但本质上这些篮子都属于同一个篮子，所以并没有真正意义上做到降低风险。例如在某一个平台上购买不同的产品，或者是在不同的平台上购买同一类型的产品，这些都没有实现真正的分散投资。

因此，投资者需要从平台类型、产品类型、投资期限、预期收益、地域等多方面进行分散投资，才能实现真正的分散。

（2）第二种错误：过度分散

过度分散的意思是，投资者分散投资的意识过于强烈，而将鸡蛋放进了太多的篮子中，使得自己精疲力竭而没有办法来认真打理这些篮子，最终落得"鸡飞蛋打"的结果。

我们都知道人的精力是有限的，尤其是很多投资者并不是专业做投资的，只是利用一些闲暇时间来做一些简单的投资理财，如果这个时候投资过于分散，就不方便管理了，容易给自己带来损失。

（3）第三种错误：资金等分

有一类投资者将分散投资简单地理解为资金等分，即将所有的资金均分到不同的理财产品上，这显然是一种简单、粗暴且错误的做法。分散投资的核心在于有策略地分散，而非简单的资金均分，这需要建立在对投资工具、投资对象和投资标的仔细深入的研究之上。

那么，分散投资应该怎么做呢？实际上，分散投资只需要满足五个基本的分散原则即可，具体如下：

◆ 投资方式分散

投资方式分散指投资者应根据自己的资金情况，选择 3 ～ 5 个投资方式进行投资，应该在不同风险的投资品种中做一个搭配组合，如高风险与低风险投资结合，而不是将所有的资金投资到单一的理财方式上，例如，基金理财 + 储蓄理财。这样根据自己的风险偏好来组合投资，可以从真正意义上起到降低投资风险的作用。

◆ 投资期限分散

我们知道投资收益往往与期限有着密不可分的关系，短期项目灵活便捷，支配资金更灵活，但普遍收益率较低；长期项目收益率更高，但投资期限比较长，资金运作受限。

为了能够实现资金的灵活运转，同时也能享受到高收益率，投资者在投资时可以将短期项目和长期项目进行结合，分散投资，例如"3 个月定期理财 +3 年期定存"。

◆ 收益利率分散

我们知道在投资理财中往往收益与风险并行，高收益伴随高风险，低风险则低收益率。在分散投资时，我们可以将高收益投资与低收益投资组合，分散资金，在尽量保证较低风险性的情况下追求较高的投资回报率。

◆　投资时机分散

证券市场瞬息万变，投资者往往很难把握到最佳的买进卖出点，甚至稍有不慎便会出现失误，让自己遭受损失。为此，投资者可以在投资时机上进行分散，可以慢慢投入，经过几个月甚至更长的时间完成投资，避免一次性投资，这样可以避免由于投资时机过于集中而带来的风险。

◆　投资对象地域分散

地域分散是实际投资中比较容易被忽略的一点，它是指投资者不能仅仅持有某一地区的证券，而应该购买多个不同地区，甚至国际金融市场上不同国家的证券。这样的地域性分散策略可以避免由于某一地区政治、经济的动荡而可能出现的投资损失。

总的来说，分散投资就是组合投资，投资者将资金投入不同的资产类型或是不同的证券上，这样的分散方式可以使我们改善投资风险与收益结构，让投资更安全，收益更高。

03 盲目追求高收益而不顾安全

任何投资的最终目的都是获得高收益的回报，但是这其中存在一个逻辑关系，即投资者应该通过一定的投资技术、独到的投资眼光及科学合理的投资策略，来实现更高收益回报的可能性。但是有的投资者却先关注结果，再考虑策略，即投资之前被高收益率吸引，忽略其背后的风险，盲目投入资金，再考虑策略。

这样一味关注高收益率，忽视风险的做法，使得投资者很容易陷入投资骗局中，不仅无法获取收益，可能连本金都无法成功收回。

高风险投资指的是一些风险性较大的投资领域，例如，股票投资、高新技术领域，以及投资一些金融衍生品等，这些都是风险性大但利润高的产业，但同时这些投资对投资者自身的要求也很高，投资者需要具备一定的投资知识、投资经验、投资眼光及策略，在考虑安全性的基础上追求高收益，才能够最终获益。

☀04 用"跟风"的策略来做投资

我们在市场中投资时常常会看到"牛人推荐""大师的跟投""专家指引"等推荐。此时，市场中一些比较迷茫的、没有想法的投资者，尤其是一些新手投资者往往会选择跟风投资。

跟风投资实际上是一种从众心理，看着别人都投了，自己便也投了，不愿意花时间收集信息，动脑筋去分析，只想着抄别人的答案。实际的跟投情况可能如图 7-4 所示。

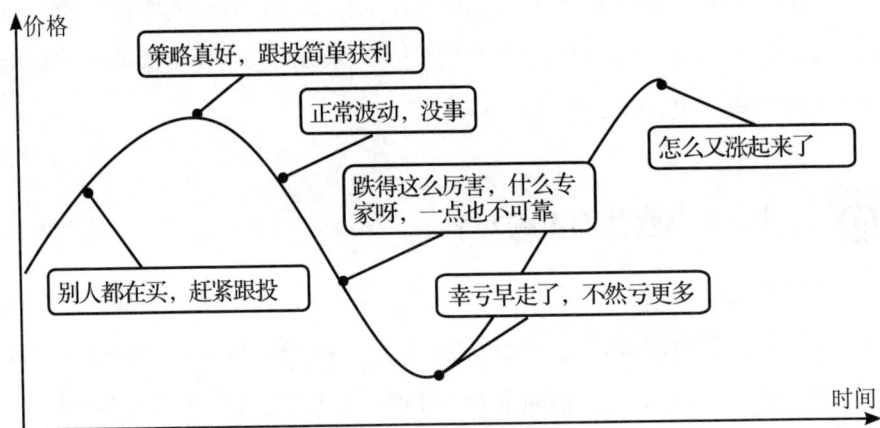

图 7-4　跟风投资

图 7-4 所示的就是比较常见的跟风投资历程，根据跟风投资者的表现来看，我们能够知道跟风投资者通常具备以下几个特点：

①缺乏独立思考，盲目从流，看着别人都投，自己便投，看着别人都抛，自己也抛。

②不讲究策略，也不明白别人的投资策略，抓不住买卖的时机，导致出现亏损。

③无法冷静面对价格的波动和下跌，一旦出现下跌便开始焦躁不安，甚至立即离场，进而出现更大的损失。

那么，为什么投资者会盲目地跟风投资呢？其实，产生跟风投资的原因主要有以下三个。

◆ 被别人的高收益所吸引

市场中很多的投资者之所以会选择跟风投资，最大的一个原因就是眼红他人的收益。一旦听说别人投资赚取了高收益，有了不错的回报，便立即动了心，也不管适不适合，时机好坏与否，甚至是风险高低等，只希望通过盲目跟投获得同样的高收益。

◆ 铺天盖地的宣传而跟风

投资理财也和其他商品一样有宣传、有推广，为了吸引更多的投资者，平台常常会宣传一系列牛人、大师、专家等，但是这其中很多所谓的专家都是平台包装宣传而成的，并不意味着安全，也并不意味着推荐的这些产品就适合自己。而投资者被这些可能是虚假的宣传迷惑，进而跟风投资。

◆ 因为缺乏投资知识和经验而跟风

因为缺乏投资知识和经验而跟风比较容易出现在新手投资者中，一方面，市场中的产品有很多，新手投资者眼花缭乱不知道怎么选择；另一方面，自己在投资知识和经验上比较缺乏，相比自己会更相信专家的推荐。

那是不是跟风就不可取了呢？其实不然，跟风也是一种投资策略，运用得当同样可以帮助投资者，错误的是"盲目"跟风。

首先，我们应该找到一位靠谱的专家，其能力和实力绝对可靠。这一点比较困难，需要我们花较长的时间观察和寻找，但是一旦找到靠谱的专家，我们就可以大幅提高投资获益率。

其次，充分了解跟投项目的投资策略，即为什么专家要做这样的投资，重点查看专家对未来市场的分析和走向的判断。

然后，懂得坚持，在投资策略不变动的情况下，要懂得忍耐场内的正常波动，很多时候的亏损实际上是由于不能坚持而出现的。

最后，根据自己的资金情况和投资目标，提前设定好止盈止损点，将盈利和损失控制在自己的掌控范围之内。

综合来看，盲目选择跟风投资的人就是想要走捷径、不思考，但是又想要赚取高额回报的人。实践证明，这一类投资者不仅不能赚钱，还会让自己遭受重大的经济损失。所以，盲目的跟风投资并不可取，但适当的跟踪借鉴还是可以的，投资者应认真思考和分析，结合自己的投资经验和知识，综合专家的建议和策略，制订适合自己的投资策略，才能在投资市场中获得成功，毕竟理财不是投机。

第 21 课　低风险投资的常用策略

除了认识投资中的一些雷区，规避投资风险之外，我们还需要掌握一些投资技巧来对风险进行管理。学会合理地规避风险，实现利益的最大化。下面我们就来介绍一些实用的投资策略。

01 仓位管理让资金的安全性更高

仓位管理就是指投资者在决定做某项投资时，如何让资金分批入场，以及如何止盈 / 止损的策略。很多人认为仓位管理并不重要，其实不然，仓位管理是控制风险，使投资者转向成熟性投资、技术性投资的标志之一。

仓位管理从两个方面来看：首先，从消极的角度来看，是为了控制风险，即便投资者看对了行情，选择到了一个比较好的买进位置，但市场总是波动变化的，意外时有发生，例如行情急转直下、盈转亏等。所以，为了应对这一情况，我们必须做好仓位管理，适当保留资金，让自己保存回本返利的实力。其次，从积极的角度来看，通过仓位管理，控制仓位，不仅能够控制风险，还可以扩大利润。因此，仓位管理具有重要意义。

对于仓位管理，不同的人有不同的管理方法，但无论怎么管理都需要遵循以下几点要求：

仓位的大小由资金总量来确定。无论投资者的投资成本多或者少，都有仓位管理的问题，而每个具体仓位的大小应由资金总量来确定。通常资金量较大的投资者，尽量不要重仓，尤其注意不能满仓操作；而资金量较小的投资者，可以在个人风险承受范围内适当重仓，收益更可观。

结合行情确定仓位。任何时候仓位大小的确定都离不开对行情的判断。一般来说，当涨幅较大，处于相对高位时要注意减仓、轻仓，且越往上走，仓位越要低；当处于相对低位时要注意加仓、重仓，且越往下走，仓位越要重。

根据价格大小来考虑仓位。价格是考虑仓位的一个重要因素，价格本身较高时花费的成本较多，应适当轻仓，尤其是对于资金量本身较少的投资者来说，更是如此。如果价格本身较低，花费成本较低，则可以根据实际行情，适当重仓。

当然，仓位管理最重要的还是要根据个人的投资风格和资金量来合理控制自己的仓位，这里介绍三种实用性强的仓位管理方法。

（1）漏斗形仓位管理

漏斗形仓位管理指初始入场时的资金量比较小，仓位也比较轻，如果行情按照相反的方向运行，后市就逐渐加仓，进而摊低成本。

这样的仓位管理方法使得仓位呈现出下方小、上方大的一种形态，形似漏斗，所以称为漏斗形仓位管理，如图 7-5 所示。

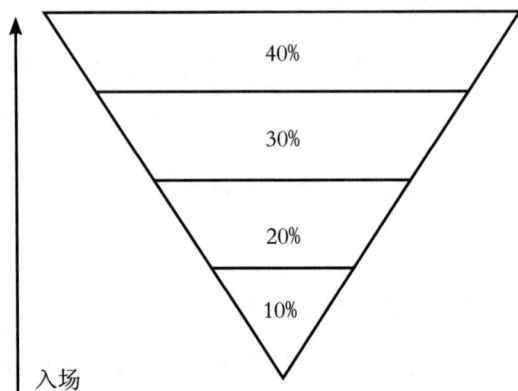

图 7-5　漏斗形仓位管理

漏斗形仓位管理的优势在于，初期投资者投入的资金量比较小，仓位较轻，随着逐渐加仓，买进成本越来越低，在不爆仓的情况下，漏斗越高，投资者的收益越可观。但是，漏斗形仓位管理法在投资者对后市走势和判断基本一致的前提之下才有效，如果投资者判断失误，不断加仓，但价格继续下跌不回升，那么投资者可能会陷入无法获利出局，甚至被套的局面之中。

漏斗形仓位管理这种反向加仓的仓位管理方法，投资者需要承担的风险比较大，因为它属于逆势操作，越跌越加仓。风险与收益同行，漏斗形仓位管理，虽然风险大，但回报也较高，一旦价格止跌回升，就能快速回本并获利。

因此，漏斗形仓位管理适合一些比较激进、愿意承担较高风险的积极型投资者，保守型投资者并不适合。

（2）矩形仓位管理

矩形仓位管理指初始进场的资金量占总资金的固定比例，如果行情按照相同方向发展，便逐渐加仓，降低成本，且每次加仓时都要按照这个资金比例进行添加。因为每次增加相同比例的仓位，形态上像一个矩形，所以称为矩形仓位管理法，如图 7-6 所示。

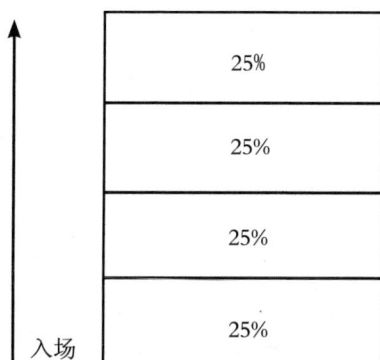

图 7-6 矩形仓位管理

矩形仓位管理属于顺势操作，随着行情向上发展，投资者逐渐加仓，使持仓成本逐步抬高，对风险进行平均分摊，平均化管理。在后市走向与判断一致的情况下，这样的仓位管理方式将获得比较丰厚的投资回报。

（3）金字塔形仓位管理

金字塔形仓位管理指初始进场时的资金量比较大，仓位比较重，后市如果行情按照相反的方向运行则不再加仓，但如果方向一致就逐渐加仓，且加仓的比例越来越小。图 7-7 所示为金字塔形仓位管理。

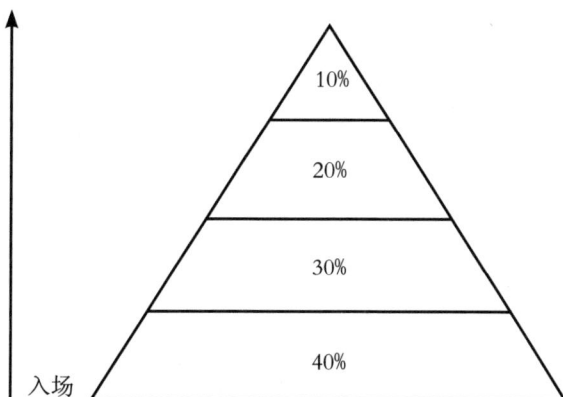

图 7-7 金字塔形仓位管理

从图 7-7 中可以看到，该仓位管理方法下的仓位呈现出一个下方大、上方小的，形似金字塔的形态，所以被称为金字塔仓位管理法。

金字塔仓位管理初期时资金量较大，后期资金量逐渐减少，属于顺势操作，通常投资获胜率较高。但是因为初期的资金量较大，所以风险也较大，需要投资者具备一定的市场分析能力，才能对市场做出准确的判断，尤其是处于震荡市场中时，更难判断准确。

这三种仓位管理方法之间没有孰好孰坏的说法，不同的方法具有不同的优势，也适合不同的投资者，投资者根据自身的投资习惯和风险承受能力，选择适合自己的仓位管理方法即可。

02 制订组合投资计划让分散更合理

在前面的内容中，我们提到过"分散投资"，即通过资金分散投资来降低投资风险，实际上就是指投资者要懂得搭建自己的投资组合，将资金按照自己的投资计划和需求分配到不同的股票债券及金融衍生品中。科学、合理的投资组合不仅能够降低投资风险，还能提高收益率。

投资组合不是随机拼凑而成的，需要遵循严格的步骤，制订详细的计划，才具有可行性。搭建投资组合通常需要经过以下几个步骤：

◆ 制订合理的、实际的投资目标

目标是所有投资的结果，有了清晰的目标指引，可以使投资方向感更强。常见的投资目标包括但不局限于以下几点：

①预期的收益率是多少？

②预计目标实现的时间？

③风险承受力是多少，即能够承受的本金损失程度。

④对资金的流动性要求。

◆　制订投资策略

有了明确的投资目标之后，需要根据投资目标制订初步可行的投资策略。例如，目标为打理闲钱，目标年化收益率 2%～5%，风险小，计划投资时间为 6 个月，应考虑货币基金、债券基金投资或者定期理财；目标为跑赢通胀，目标年化收益率为 4%～8%，中等风险，计划投资时间 6 个月～2 年，可以考虑股票基金、债券基金、定期理财、债券投资等；目标为追求高收益，目标年化收益率 6% 以上，中高风险，计划投资时间为 3 年，应考虑股票投资及股票基金投资。

◆　搭建投资组合

搭建投资组合指根据投资策略来确定具体的证券种类。在选择投资对象时，投资者要明确每一项投资的作用，这样分工明确的组合才能实现平衡，进而完成投资目标。

例如，某投资者的投资组合为"债券 + 股票基金 + 股票"，其中债券投资的任务为防守，避免资金遭受重创；股票基金的任务为长期进攻，追求长期上涨收益；股票投资的任务为短期冲高，通过短期投资博取较高收益。

◆　确定配置比例

明确证券类型之后，还要确定各项投资的资金占比。配置比例以投资者的实际需求和风险承受能力来进行确定，如果追求稳定收益，则提高稳健类投资的占比；如果追求高收益，则提高风险类投资的占比。需要注意的是，合理的资产配置需要同时考虑资金的安全性、收益性和流动性。

◆　组合修正调整

投资组合搭建完成之后并不意味着结束，因为随着时间的推移和市场的波动变化，投资组合可能与初衷相违背。对于这种变化，投资者有必要对现有的投资组合作出调整，以确定一个新的投资组合。

但是组合修正讲究时间频率，过于频繁的修正会影响投资收益。通常情况下半年调整一次比较好。

因为每个家庭或每个投资者的理财目标与家庭财务状况都不同，所以搭建的投资组合也不同。这里介绍三种比较经典的投资组合模式，投资者可参考运用。

（1）偏向保守安全型的投资组合

偏向保守安全型的投资组合指投资收益比较稳定，安全性较高，收益率低，但资金流动性较高的投资组合。这类投资组合比较适合新手小白投资者，或者是以追求资金安全为目的的投资者。

投资组合内容包括：60% 储蓄；30% 债券；10% 股票。其中，储蓄和债券都属于收益稳定、风险较低的投资方式，就算投资失败也不会对家庭的正常生活造成影响。另外配置 10% 的高风险投资，在控制风险的情况下博取更高的收益率。

（2）稳中求胜的投资组合

稳中求胜的投资组合指在能够承受一定投资风险的情况下，期望财富能够实现快速增长的投资组合。这样的投资组合比较适合收入稳定，且具有一定经济实力的投资者。

投资组合包括：40% 储蓄；30% 债券；30% 股票。针对这类投资组合，投资者的风险承受能力更强，所以，风险投资的比例增加，占比 30%，以追求更高的投资回报。

（3）积极冒进的投资组合

积极冒进的投资组合指风险较高、追求高收益、高回报的投资组合。这类投资组合更适合资金实力雄厚，或是有经验的、能够承受较大风险的投资者。

投资组合内容包括：储蓄 20%；债券 20%；股票 60%。因为投资者的风险承受能力较强，所以风险投资的占比较大，达到 60%。

以上三种投资组合模式仅供参考，具体的投资组合模式需要投资者在实际的投资中结合行情具体分析、具体搭配。

03 定投，规避选择时机的风险

时机，一直是投资的重中之重，精准地抓住买卖时机，可以帮助投资者获利。但事实上，大部分投资者都缺乏独到的眼光找寻到市场中的买卖机会，以至于错过赚钱获益，甚至是避免损失的机会。

为规避选择时机的风险，投资者可以考虑定投这一投资方式。定投指定期定额投资，素有"懒人理财"之称，为众多投资者所推崇。定投具有如下所示的一些优点：

①定投最大的优势在于它弱化了入市时机选择的重要性。市场价格永远处于波动变化中，投资者往往难以精准找到波谷低点，但定投的方式通过多次频繁定期买进的方式，摊低了单位持仓成本，使投资获胜的概率更大。

②降低了投资者的追涨热情。很多时候场内的投资者都处于不冷静的状态之中，尤其是发现上涨迹象，很大概率进行追涨，最终导致被套。定投这种定期定额的投资方式，让投资者在固定的时间进行投资，可以降低投资者的追涨热情，避免狂热跟进而被套。

③定投在风险波动越大的市场行情中，收益往往越高。定投不适合稳定向上的上涨行情，在这样的行情中定投会降低投资收益，但是在震荡波动的行情中，定投反而可以获得更高的收益。所以，定投这种投资方式更适合波动变化较大的股票市场投资，包括股票型基金及股票投资。

④定投的投资门槛低，适合薪酬稳定的工薪族，每月从固定收入中拿出部分做定期投资，既能实现投资理财，也能帮助储蓄。

⑤规避了人性的弱点。场内的投资者都有追涨杀跌、随波逐流的特点，尤其是一些散户投资者，非常容易对市场中的一些股市消息产生过度反应，几个跌停板就坐不住而立即抛售。但是定投这样的投资方式可以在很大程度上规避这一弱点，投资者不必过度关注市场讯息。

为了迎合更多有定投需求的投资者，很多金融投资平台都为投资者提供了定投这一功能，投资者只需要设置好定投的时间和金额即可，到期平台会自动完成扣款投资，非常便捷。

下面以支付宝基金定投为例进行介绍。

理财实例

支付宝基金定投设置

打开支付宝软件，在首页下方点击"理财"按钮，进入理财界面。在该界面中点击"基金"按钮，如图7-8所示。

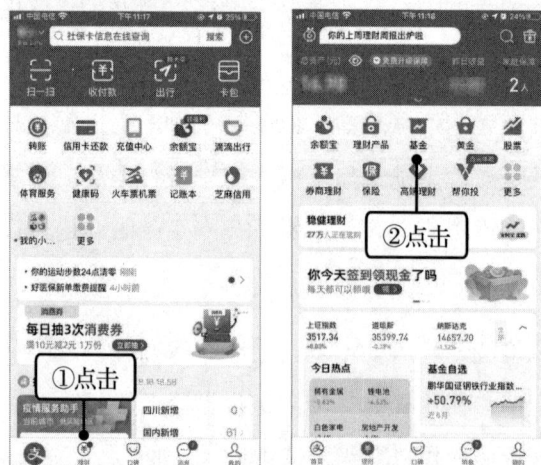

图7-8　点击"基金"按钮

进入基金理财界面,点击"省心定投"按钮,进入定投专区。下滑该界面,选择心仪的基金产品,点击"一键定投"按钮,如图 7-9 所示。

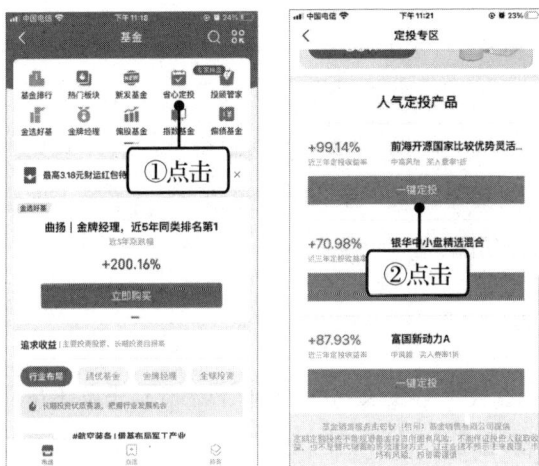

图 7-9　选择基金产品

进入定投页面,根据页面提示设置好定投金额、扣款方式和定投周期,然后点击"确定"按钮,输入支付密码,点击"确定"按钮,如图 7-10 所示,即可完成基金定投。

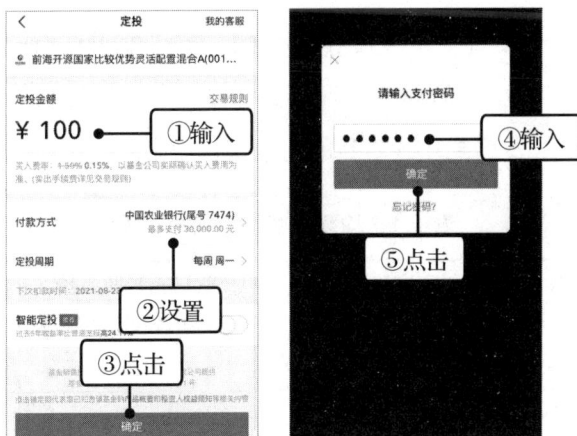

图 7-10　设置基金定投

在上述案例中,我们仔细观察可以发现,设置基金定投条件时,平台还提供了一个"智能定投"功能，且在很多平台的定投服务中都会出现，它是什么样的服务呢？

传统的定投是指"定期定额"的投资，而智能定投则是在"定额"上面下足了功夫，将扣款日当天基金的表现与基准进行比较，并以此来确定当天的定投金额。智能定投相比传统的定投，投资方式更加灵活，既能提升基金定投的申购功能，又能提高投资的效率。如今市面上有以下几种比较常见的智能定投策略。

（1）均线法

均线法是通过指数均线来判断当前市场处于低点还是高点。如果指数的收盘点低于指数均线，此时就可以判断市场处于低点；如果指数的收盘点高于指数均线，就可以判断市场处于高点。

在均线策略中，需要确定一个参考指数和一条均线，通常参考指数为上证综指、沪深 300、创业板指数等主流指数；而均线则运用股票均线系统，包括 20 日均线、30 日均线、60 日均线及 120 日均线等。

定投之前会设置一个基准扣款金额，市场处于低点时就在基准扣款金额上上浮一定比例进行扣款，市场处于高点时就减少一定的比例扣款，表 7-1 所示为某平台的均线法智能定投扣款规则。

表 7-1　均线法智能定投扣款规则

扣款日指数收盘价 高于 60 日均线的幅度	定投扣款金额 比例	扣款日指数收盘价 低于 60 日均线的幅度	定投扣款金额 比例
0 ～ 20%	80%	0 ～ 10%	120%
21% ～ 40%	50%	11% ～ 20%	140%
41% ～ 100%	30%	21% ～ 30%	160%
		31% ～ 40%	180%
		41% ～ 50%	200%
		50% 以上	300%

（2）移动平均成本法

移动平均成本法是通过定投基金的最新净值和已买入该基金的平均成本进行比较来判断市场当前的位置为低点还是高点。其中，最新净值就是定投扣款日前一日的基金单位净值；平均成本指前期定投买进的基金份额的单位平均成本。

如果单位净值小于单位平均成本，并超过一定幅度，就判断市场处于低点；如果单位净值大于单位平均成本，并超过一定幅度，就判断市场处于高点。

使用移动平均成本法的投资者需要设置四个参数，具体如下：

①单位净值低于单位平均成本 a% 时，扣款金额提高到 b。

②单位净值高于单位平均成本 c% 时，扣款金额降低到 d。

其中，a、b、c、d 就是我们需要设置的参数，例如某投资者投资 A 基金，设置的智能定投扣款金额为 1 000.00 元，设置的四个参数分别为 0.5%、2 000.00、4%、200.00。那么，当扣款前一日 A 基金的单位净值小于已买入 A 基金的单位平均成本，且幅度超过 0.5% 时，定投金额为 2 000.00 元；当扣款前一日 A 基金的单位净值大于已买入 A 基金的单位平均成本，且幅度超过 4% 时，定投金额降至 200.00 元。

（3）定投盈亏法

定投盈亏法更为直接、简单，即如果投资者定投账户中的资金亏损达到一定幅度时，就判断当前市场处于低点。但是，该方法只能判断低点，而无法判断高点，即只能在低点位置加码定投，在其他时候便按照设定的基准扣款金额进行扣款，也就是"低点多投"。

定投盈亏法智能定投，需要投资者设置两个参数，即当定投账户亏损幅度达到 a% 时加大定投金额，加仓的幅度为 b。

例如，投资者通过定投盈亏法智能定投 A 基金，设置 a、b 参数为 10%
和 1.5，也就是说，当投资者的定投账户亏损达到 10% 时，定投金额为基准
扣款金额的 1.5 倍。

（4）估值定投法

估值定投法就是利用指数的市盈率（PB）、市净率（PE）及净资产收
益率（ROE）等指示所在历史百分位来指导投资的方法。当估值处于合理
区间时开始定投；估值处于较低水平时判断市场处于低位，加码定投；估
值处于较高水平时判断市场处于高位，减少定投金额或停止定投，甚至赎回。

例如，某金融平台以 PE 走势图来进行估值判断，具体的智能扣款规则
如下：

①当 PE 走势百分位低于 40%，开始定投。

②当 PE 走势百分位高于 40%，停止定投，继续持有。

③当 PE 走势百分位达到 70%，卖出持仓 50%。

④当 PE 走势百分位达到 80%，卖出剩余仓位。

通过上述智能定投介绍我们可以看到，智能定投比传统定投更智能、
便捷，可以实现跌时多买、涨时少买的投资策略，使投资者既可以降低投
资成本，同时也不放过市场中更多的潜在投资机会，使投资获胜率更高。

ⓞ④ 设置止盈点及时落袋为安

在前面的内容中我们曾多次强调过止盈止损的重要性，但在实际投资
中，很多投资者尤其是一些新手投资者不懂止盈止损的方法而没有设置，
这里我们首先介绍实际投资中的一些止盈方法，帮助投资者落袋为安，及
时了结获利。

止盈的方法分为两种类型，即静态止盈法和动态止盈法，下面我们来依次分别介绍。

（1）静态止盈法

静态止盈法就是投资者提前设立具体的盈利目标位，一旦投资达到盈利目标位就立即止盈。在该方法中，具体的止盈位置是以投资者的心理目标来确定的，设置时主要是由投资者的投资需求、对后市走向的理解及投资经验来决定的。具体来看，静态止盈法的方法有以下两种：

◆　固定比例设置法

固定比例设置法指投资者根据买入成本来设置固定比例，一旦涨幅达到该比例就立即止盈的方法。例如，投资者设定比成本价高出 20% 即止盈，如果投资者投入 10.00 万元，在不考虑手续费的情况下，当价格上涨至 12.00 万元时便立即止盈。

该方法比较简单，直接设置自己的心理比例即可，且具体的比例数字也没有规定，投资者根据自己的实际情况来进行设置就行。但是，对于止盈比例的选择，如果市场处于牛市行情时，投资者可以适当调高比例；如果市场处于熊市行情时，则需要适当调低比例。

◆　时间止盈法

时间止盈法指当投资达到某个时间点时，无论处于什么价格都要立即止盈，不必考虑走势。这类方法比较直接，适用于事件或预期驱动型的投资。

（2）动态止盈法

动态止盈法指投资已经出现盈利或已经达到盈利目标，但是投资者认为其还存在上涨的动力，因而继续持有，直到出现回落，达到某一标准时，投资者再采取卖出获利的操作。动态止盈的方法主要包括以下几种：

◆ 比例回撤止盈法

比例回撤止盈法指投资者先设置一个止盈比例，当投资收益达到该止盈收益后投资者不急着立即止盈，如果投资标的继续上涨那么投资者继续持有；如果投资标的止涨回撤，那么需要设置一个止涨回撤的幅度，一旦标的回撤的幅度超过设定的回撤阈值就立即止盈，锁定投资收益。

比例回撤止盈法简单来说，就是盈利头寸从高点撤回到一定比例时，就自动卖出，兑现盈利，图 7-11 所示为比例回撤止盈法示意。

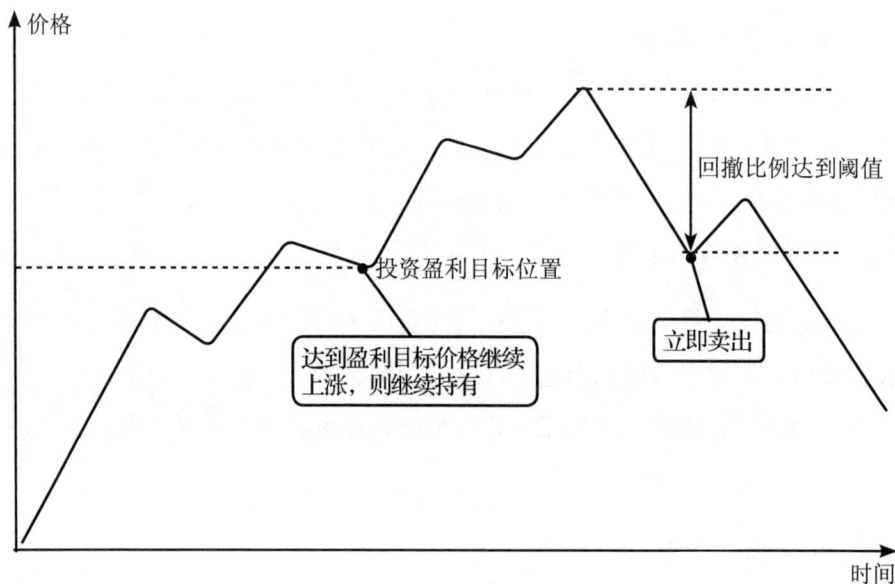

图 7-11　比例回撤止盈法

从图 7-11 可以看到，只有回撤触发止盈比例才考虑止盈，否则即便达到盈利目标也一直持有，而这个具体的比例设置没有统一的标准，也是一个经验值，只要能够在最大限度保护盈利的同时，尽量追踪趋势，让盈利最大化即可。

◆　均线止盈法

均线止盈法是指利用均线系统来进行止盈操作，在股票类证券投资中运用得较多。投资者在低位买进，随后股价上行实现盈利，但运行一段距离后，若股价不再以之前的节奏向上运行，同时均线出现相应的空头信号，投资者应做止盈处理。

在均线止盈中，投资者需要确认自己操作的是短线、中线还是长线。如果投资者是短线操作则以短期均线作为判断依据；如果投资者是中线操作则以中期均线作为判断依据；如果投资者是长期操作则以长期均线作为判断依据。

一般情况下，10 日均线可以维持短期趋势，20 日和 30 日均线可以维持中期趋势，60 日和 120 日均线维持的是中长期趋势。在上升行情中，均线是尾随股价上升的，一旦股价掉头下穿均线，则意味趋势转弱，投资者就需要考虑止盈离场了。

◆　技术形态止盈

技术形态止盈指的是股价上涨一定阶段出现滞涨，并且构筑各种头部形态时，投资者就需要坚决止盈。此时，就需要利用我们前面介绍的 K 线、K 线组合及 K 线长期形态等来确定止盈的时机，例如双重顶、头肩顶及圆弧顶等。

◆　趋势线止盈

价格的波动都是呈趋势前行的，所以，最能直接反映价格运行趋势的就是趋势线，很多时候我们可以利用趋势线来寻找投资的止盈止损点。

当投资者在低位买进后，股价上行实现盈利，但运行一段时间后，股价开始冲高回落，并有效跌破上行趋势线，投资者应提高警惕，立即做出止盈操作，如图 7-12 所示。

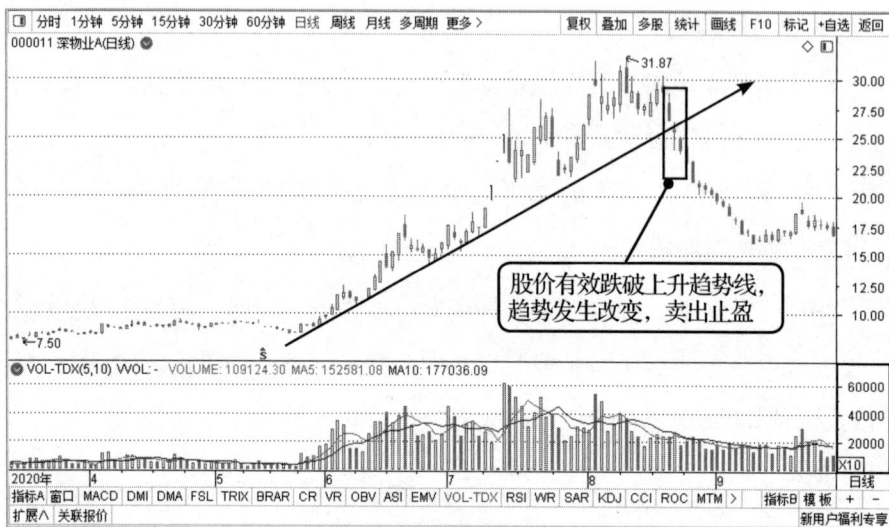

图 7-12　趋势线止盈

从图 7-12 中可以看到，前期股价表现为上升行情，股价在上升趋势线的支撑下稳定向上攀升。2020 年 8 月中旬，股价止涨下跌，且有效跌破上升趋势线，说明该股趋势发生转变，此时投资者应立即卖出止盈。

◆　关键位置止盈

关键位置止盈是指股价在向上运行的趋势中，运行到一些关键位置，如果股价在此位置停留不能有效突破，通常意味着较长时间的调整。因此，投资者在这些重要的价位关注股票的运行态势，一旦发现不好的苗头，应该尽快进行止盈操作。关键位置主要包括下列所示的一些：

①前期股价运行的高位。

②被反复测试的阻力位置。

③较大的整数价位关口。

④历史新高位置。

⑤前期密集交易区。

⑥本轮上涨起点倍数。

图 7-13 所示为关键位置止盈。

图 7-13　关键位置止盈

从图 7-13 中可以看到，22.00 元附近为该股的一个关键位置，股价多次在此附近止盈转入下跌趋势。2020 年 8 月上旬，股价再次运行至该位置附近时止涨，且出现下跌迹象，缺乏继续上涨的动力，不能有效突破，所以，投资者应立即止盈离场。

介绍了这么多的止盈方法，但其实止盈最为重要的是对投资者的心理要求，即要有卖出的决心，一旦出现止盈的迹象或是达到止盈的标准时，投资者就要立即止盈，克服心里的贪婪，才能实现盈利。

05 设置止损点，避免更大损失

与止盈相对应的是止损，止损就是指投资者在投资过程中要设立止损点，一旦达到该点就要立即斩仓离场，避免损失更多而造成无法挽回的局面。

止损的方法与止盈的方法相似，很多止盈的方法在止损中同样适用，下面来介绍一些实际投资中比较实用的止损方法。

◆ 定额止损法

定额止损法比较容易理解，就是投资者在投资之初就明确损失到什么程度则立即立场，例如某投资者投入 10.00 万元，规定当本金损失达到 10%，即 1.00 万元时就立即止损离场。这是一种不错的资金管理方法，从资金的角度来进行管理，只要达到止损点就立即止损。

◆ 时间止损法

时间止损法指投资者在投资之初确定此次投资的时间周期，三个月、半年、一年或是两年等，一旦投资时间达到设定的期限就立即立场。

◆ 保本止损法

保本止损法指投资者买进之后，如果价格是上涨，应该立即调整止损点，以保护本金为主，将止损的价格上移至保本价格。注意：这里的保本价格应该是包含投资手续费之后的保本费用。

◆ 动态止损法

动态止损法指投资者根据市场的走势变化不断调整自己的止损位，主要运用于价格上升的走势中。价格不断向上移动，逐渐远离保本止损点，此时应观察盘面，逐渐调高止损点，了结获利。

◆ 技术止损法

技术止损法相较于其他止损方法来说比较复杂，需要投资者有较强的分析能力和自制力。技术止损法将止损的设置与技术分析结合起来，在关键的技术位设定止损点，避免更进一步的亏损，是一种灵活的止损模式。

图 7-14 所示为技术止损法。

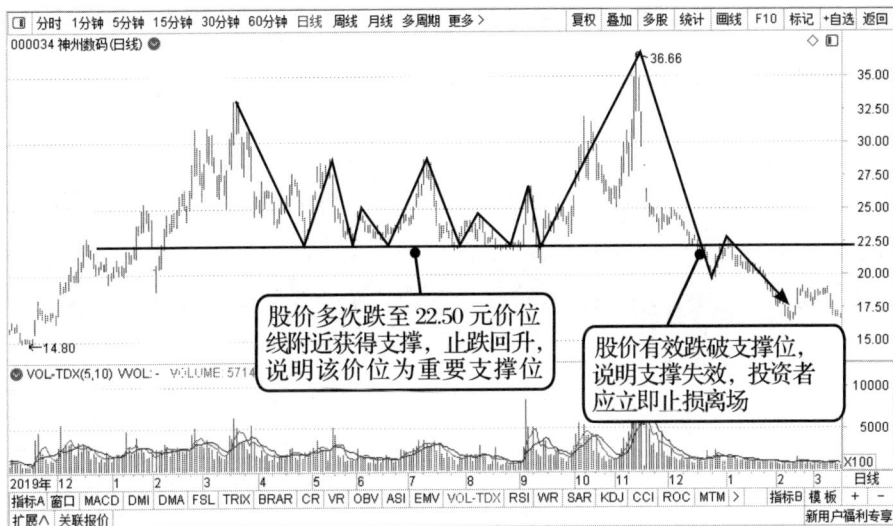

图 7-14　技术止损法

从图 7-14 中可以看到，股价在波动运行的过程中多次跌至 22.50 元价位线附近获得支撑，随后止跌反弹。由此说明，22.50 元价位线为强有力的支撑位。

2020 年 9 月，股价再次跌至 22.50 元价位线止跌，获得支撑反弹回升，将股价拉升至 36.00 元上方，在创下 36.66 元的新高后止涨回落，并有效跌破 22.50 元价位线。股价跌破之后，回踩 22.50 元价位线下跌，再次印证跌破的有效性，说明 22.50 元支撑位失效，后市将继续下跌，此时为投资者离场的止损位。

◆　无条件止损法

无条件止损法主要应用于基本面发生根本变化时，此时价格走势、支撑位、形态等已经没有任何参考意义，投资者应该摒弃任何幻想，不管此时的损失有多大，都应该果断割肉，保存实力，寻找下一个投资机会，因为基本面的变化往往是难以扭转的，再继续坚持没有任何意义。

基本面发生变化主要包括国家政策性变化、市场经济的一些重要变化,以及国际贸易市场的一些变化,这些变化往往是短时间内难以改变的,所以投资者需要立即离场,保存实力,观察一段时间再做打算。

总的来看,实际投资中,股票价格风云变幻,既有可能让你突然获利,但同时也可能让你顷刻间血本无归。所以,任何时候投资者都不要忽略止损在投资中的意义。在不同情况下,巧妙地使用不同的方法进行止损,将亏损控制在一定的范围内,尽可能地保存实力,才能实现盈利最大化,并最终获得投资的胜利。